Projektbericht Nr. 1
zum Hopp-und-Jäger-Projekt
(März 2016)

AF211679

Zum Inhalt:

Der Projektbericht Nr. 1 versucht den größten Teil desjenigen Materials zusammen-
zustellen, das im Laufe von ca. 1 ½ Jahren von den verschiedenen am Projekt
beteiligten Mitgliedern des Teams und den weiteren Kooperationspartnern gesichtet
und der Projektgruppe inzwischen für Einzeluntersuchungen zugänglich ist.

Die Zusammenarbeit beider Architekten im Blick auf gemeinsame Architektur-
Entwürfe beginnt mit der Teilnahme am Wettbewerb für das Ehrenmal an der
Kleinen Alster 1930, über dessen Erfolg mit einem zweiten Platz Fritz Schumacher
in der Deutschen Bauzeitung von 1930 berichtet hat.

Zu den Höhepunkten der gemeinsamen Arbeit gehört der Wiederaufbau der
Hauptkirchen St. Katharinen und St. Jacobi-Kirche in der Hamburger Altstadt und
die Einweihung des von ihnen entworfenen modernen St. Jacobi-Turmes 1961.
Eines der wenigen Fotos, das beide Personen zeigt, ist auf dem vorderen Deckblatt
abgebildet. Es wurde im Zusammenhang der Einweihung des Turmes vom
Fotografen Walter Lüden aufgenommen.

Projektbericht Nr. 1
zum Hopp-und-Jäger-Projekt
(März 2016)

Beitrag zu

‚Hopp und Jäger -
Kirchenbauten von einem Hamburger Architekturbüro
(1930 bis 1962/80)
Ein Projekt zur Dokumentation'
[www.huj-projekt.de]

Uwe Gleßmer und Emmerich Jäger

in Kooperation mit

Günther Engler, Karl Heinz Hoffmann, Manuel Hopp, Alfred Lampe,
Jan Lubitz, Jochen Schröder, Markus Wesselmann

Bibliographische Informationen der Deutschen Nationalbibliothek
Die Deutsche Nationalbibliothek verzeichnet diese Publikation
in der Deutschen Nationalbibliografie; detaillierte bibliografische
Daten sind im Internet über http://dnb.dnb.de abrufbar

Deckblatt: Hopp & Jäger bei der Einweihung
des Turms St. Jacobi 1961 (Ausschnitt aus dem Foto HAA_Jäger_Lüden_N042)
Rückseite: Wettbewerb zum Ehrenmal an der Kleinen Alster 1930
Fritz Schumacher in Deutsche Bauzeitung

© 2016 Uwe Gleßmer

Herstellung und Verlag
BoD – Books on Demand, Norderstedt

ISBN: 978-3-842326897

Inhaltsverzeichnis

1   Vorwort zum ersten Projektbericht

Seit etwa Mai 2014 sind wir mit unserem Projekt zu einer Dokumentation über die Hamburger Architekten Hopp+Jäger beschäftigt. Ausgangspunkt war eine Veranstaltung von Dr. Jochen Schröder im ,kunstforum matthäus' am 7. April 2014. Unter dem Titel „Hamburger Kirchen von Hopp und Jäger" wurde dieses Seminar zusammen mit einem Bild der Lutherkirche in Wellingsbüttel beworben:

Hamburger Kirchen von Hopp & Jäger
07.04.2014
Dauer: 10-15.30 Uhr
Leitung: Dr. Jochen Schröder
Teilnahmepreis: 30,-€ (inkl. Imbiss)

Zum Seminar gehörten zwei Exkursionen zu einigen der Kirchbauten aus der Zeit vor dem Zweiten Weltkrieg und zu solchen aus Nachkriegszeiten bzw. Restaurierungen (am 10. und 15.4.2014). Im Zusammenhang damit ist die Idee entstanden, eine möglichst vollständige Erfassung der Kirchbauten vorzunehmen, da bislang keine umfassende Sicht literarisch verfügbar ist. So ist es zu einer gemeinsamen intensiveren Beschäftigung mit dieser Thematik und dem Zusammenschluss eines Projekt-Teams im Mai 2014 gekommen:

Dipl.-Ing. Karl Heinz Hoffmann Architekturarchiv (HAA)	Dipl.-Ing. Emmerich Jäger Stadtplaner/Architekt i.R.
Dr. Jochen Schröder Kunsthistoriker	Dr. Uwe Gleßmer Theologe; Projekt „Lutherkirche Hamburg-Wellingsbüttel"
Dr.-Ing. Jan Lubitz Architektur-Historiker	

Aus den sich ergänzenden Perspektiven und Kompetenzen der Beteiligten ist im Juli 2014 die gemeinsame Formulierung eines doppelseitigen Flyers über die Zielsetzung erarbeitet worden, der die Herangehensweise nach außen erklärt und auch nach innen vergewissert hat (dazu unten mehr[1]). Zu den Personen, die den Flyer zuerst unterzeichnet haben, ist im Mai 2015 Dr. Jan Lubitz als Architektur-Historiker hinzugekommen.

Eine große Hilfe stellt die sehr gute Zusammenarbeit mit dem Hamburgischen Architekturarchiv (HAA) dar.[2] Es bietet in mehreren Hinsichten die Basis des Projektes. Einerseits sind die dortigen Nachlässe von Rudolf Jäger sowie von den

---

[1] Das Informationsblatt zum Projekt skizziert die zu Beginn im Juli 2014 formulierten Ziele sowie die Mitarbeiter (www.huj-projekt.de/downloads/hopp_u_jaeger-flyer.pdf; letzter Stand 5.7.2015)

[2] Zum HAA siehe allgemein unter http://www.architekturarchiv-web.de/; zur Geschichte des Archivs vgl. auch bei Baues (2015) SB.

Fotografen Otto Rheinländer (=ORh) und Walter Lüden (=WLü) nahezu unerschöpfliche Quellen. Andererseits hat das HAA auch über seinen Webserver dem Projekt eine eigene Plattform durch die Internetpräsenz unter www.huj-projekt.de ermöglicht.

Dadurch wird die arbeitsteilige Herangehensweise an das Projekt unterstützt, bei der die Bearbeiter Teilbereiche zusammentragen und auch weitere Interessierte einbeziehen sowie ihnen die Informationsbasis zugänglich machen können. Um unsere Arbeit nach außen hin sichtbarer und nachvollziehbar zu machen, halten wir es darüber hinaus für angebracht, einen Projektbericht vorzulegen, der Informationen zur (wachsenden) Werkliste, zu Foto- und Textsammlungen sowie Biografie-Daten zusammenstellt. Zudem hat sich herausgestellt, dass jeder von uns an einzelnen Teilthemen interessiert ist und z.T. bereits daran arbeitet. Nach unserer im Juli 2015 getroffenen Absprache ist es zweckmäßig, auch künftig in Teil-projekten weiter zu arbeiten, diese Arbeiten jedoch auch möglichst vernetzt zu betreiben sowie dafür auch ggf. weitere Interessenten zu gewinnen.

So sind als Mitarbeiter für die unten unter 3.5 zu beschreibenden „HuJ-Teilprojekt-Arbeiten" bereits mehrere hilfreiche Unterstützer als Mitarbeiter gewonnen, die – wie auch das Kernteam – je im Rahmen der persönlichen und beruflichen Möglichkeiten Unterlagen und Impulse zum Projekt beigetragen: Dr. Günther Engler (Gemeindegeschichte Wellingsbüttel), Manuel Hopp (Biografie B. Hopp), Pastor Alfred Lampe (St. Nicolaus-Alsterdorf).

2   Projektziel und Informationsform

In dem zuerst im Juli 2014 unter der Überschrift „Hopp und Jäger - Kirchenbauten von einem Hamburger Architekturbüro (1930 bis 1962/80) Ein Projekt zur Dokumentation" erarbeiteten Flyer wurde als Ziel die *Dokumentation* benannt. Der Flyer wird im Folgenden im Stand vom 5.7.2015 abgebildet.

Hopp und Jäger -
Kirchenbauten von einem Hamburger Architekturbüro (1930 bis 1962/80)
Ein Projekt zur Dokumentation
Stand: 5.7.2015

Über das Gesamtwerk der Architekten Bernhard Hopp (1893-1962) und Rudolf Jäger (1903-1978) sowie ihrer Mitarbeiter-Innen liegt noch keine zusammenfassende Dokumentation vor. Dieses ist umso bedauerlicher, als das Architekturbüro Hopp und Jäger besonders im Kirchenbau zu den vielfach beauftragten Baumeistern in ihrer Zeit gehörte. Auch die Hintergrundinformationen zu den Bauten – von den 30er bis zu den 60er Jahren – sind für die künstlerische Gestaltung der

St. Jacobi-Turm (1961)

Grindelhochhäuser (ca. 1950)

Kirchen und die Haltung ihrer Bauherren und Architekten in jeder Hinsicht der Erforschung wert.

Weil Bernhard Hopp als Kunstmaler und Bildhauer und Rudolf Jäger als studierter Architekt den jeweiligen Zeitumständen und Ansprüchen als ambitionierte Künstler begegneten, stellt ihre Arbeit eine idealtypische Positionierung dar. Sie ist für vier scharf profilierte, wenngleich kurzzeitige Epochen belegt: Der späten Weimarer Republik, der Nazizeit, der Wiederaufbauzeit und der Zeit des Wirtschaftswunders.

Lutherkirche HH-Wellingsbüttel (1937)

Vor allem im Großraum Hamburg tätig, haben Hopp und Jäger dabei von Mecklenburg über Schleswig-Holstein bis Westfalen und Franken bedeutende Aufträge realisiert. Sie sind mit insgesamt etwa 50 Neubauten bzw. prägenden Renovierungen von Kirchen überdurchschnittlich präsent. Zahlreiche von Hopp und Jäger realisierte Kirchenbauten stehen inzwischen unter Denkmalschutz. Für einzelne Bauten, wie z.B. die Johanneskirche in Hamm/ Westfalen von 1938 oder für den Jacobi-Kirchturm

St. Marien HH-Ohlsdorf (1962)

in Hamburg von 1961, liegen bislang gesonderte Rezensionen vor.

R. Jäger und B. Hopp bei der Einweihung des St. Jacobi-Turms (1961)

Das Oeuvre dieser beiden Persönlichkeiten im politischen, theologischen und kirchlichen Kontext hat gerade wegen einer wenig avantgardistischen Grundhaltung ein besonderes Profil. Dieses verdient es, in der Spannung zwischen Kontinuitäten und Neuansätzen innerhalb der Ideengeschichte zur Geltung gebracht zu werden.

Eine umfassende Dokumentation und historische Einordnung sowohl ihres künstlerischen Wirkens als auch der jeweiligen Kontexte stellt daher einen deutlichen Bedarf dar.

So halten die Unterzeichneten eine kommentierte Dokumentation zu Leben und Werk der Architekten für sinnvoll und notwendig. Sie soll sich vorrangig auf die Kirchenbauten ausrichten, die das Gesamtwerk künstlerisch und hinsichtlich ihrer Prägung für die Städte und Gemeinden dominieren. Zentrale Profanbauten wie die Beteiligung am Bau der Grindelhochhäuser in Hamburg 1945 ff. werden mit einbezogen.

ARCHITEKTEN
BERNHARD HOPP
DIPL.ING.RUDOLF JÄGER

HAMBURG
KÖNIGSTR. 14 - 16
FERNRUF * 34 61 85

Logo des Architekturbüros aus der Zeit ab 1935, nach der Straßenumbenennung lautete die Adresse Poststr. 14-16

Alle Abbildungen basieren auf Originalen, die sich im Besitz des Hamburgischen Architekturarchivs befinden.

Mitarbeit und Quellen

Als Bearbeiter-Team aus verschiedenen Fachrichtungen (u.a. Architektur- und Kunstgeschichte sowie Theologie) möchten wir uns dieser trans-disziplinären Aufgabe stellen, an deren Rändern u.a. so verschiedene Persönlichkeiten wie Hans Asmussen, Ernst Barlach, Oskar Beyer, Elisabeth Coester, Jürgen Manshardt und, nach dem Krieg, Hauptpastor Adolf Drechsler, Siegfried Assmann, Fritz Fleer, Ursula Querner oder Klaus-Jürgen Luckey in der Zusammenarbeit mit dem Architekturbüro in Erscheinung treten. Ein weit gespanntes Netzwerk verband die Architekten mit vielen Personen in einzelnen Gemeinden und Leitungsfunktionen sowie mit der auf Kirchbau bezogenen Szene der Künstler und Handwerker.

Neben den Beständen des Hamburgischen Architekturarchivs (HAA) einschließlich der Nachlassbestände von Rudolf Jäger und der einschlägigen Photobestände von Otto Rheinländer, Ursula Becker-Moosbach, Walter Lüden, sowie in geringerem Umfang im Staatsarchiv Hamburg zu Hopp müssen die in den einzelnen Kirchengemeinden bzw. in den Kirchenkreis- und Kunst-Archiven noch zu sichtenden Archivalien (Bilder, Briefe, Erinnerungen, Pläne etc.) Erhebungsgrundlage der Dokumentation sein. In diesem Sinne sind wir angewiesen auf Mithilfe und bedanken uns als Unterzeichnete vorab für jede Unterstützung der skizzierten Art, auf welche unser Vorhaben durchaus angewiesen ist. – Wir würden uns daher freuen, wenn Sie das Informationsblatt an interessierte oder mit der historischen Überlieferung vertraute Personen weitergeben. Dieses Faltblatt kann auch über die folgende Internetadresse heruntergeladen werden:

http://www.huj-projekt.de/

Dipl.-Ing. Karl Heinz Hoffmann Architekturarchiv (HAA)	Dipl.-Ing. Emmerich Jäger Stadtplaner/Architekt i.R.
Dr. Jochen Schröder Kunsthistoriker	Dr. Uwe Gleßmer Theologe;
Dr.-Ing. Jan Lubitz Architektur-Historiker	Projekt „Lutherkirche Hamburg-Wellingsbüttel"

Kontakte über uwe@glessmer-hh.de

Allerdings hatte keiner der Beteiligten zu diesem Zeitpunkt eine sichere Vorstellung, ob es *eine* Dokumentation geben könnte oder doch, wie sich später herausstellte, die Zweckmäßigkeit für Teilschritte sprechen würde. Der Hintergrund ist, dass nicht wie bei einem professionell durchgeführten Vorhaben, das auf einem kalkulierbaren Ressourcen-Rahmen an Arbeitskraft oder gar einem Budget basiert, eine Projekt-*planung* vorgenommen werden konnte. Vielmehr gingen Überlegungen von der personellen Erstzusammensetzung aus, die gegenbenfalls erweitert werden könnte, sobald externe Personen erste Schritte und Ergebnisse sehen und sich mit interessieren können.

Deshalb ist – wie oben bereits genannt – eine unserer Ideen gewesen, über das Internet einer weiteren Öffentlichkeit Zugang zur (wachsenden) Werkliste und auch zu dem dokumentierenden Material aus Fotos und Texten zu geben. Darüber hinaus sind auch einige Gemeinden angeschrieben worden, mit denen in der Vergangenheit ein Kirchgebäude von H&J entworfen wurde.

Da die digitale Welt aber gerade auch diese meist älteren mit den Gemeinde-geschichten befassten Chronisten, die möglicherweise Zeit und Interesse an den Fragen des Kirchbaus durch H&J haben könnten, schwerer zugänglich ist, bleibt die Nutzung der Drucktechnik ein Mittel der Wahl. Da ohne eine feste Ausstattung mit Finanz-Ressourcen gearbeitet werden muss, bietet sich dabei das Verfahren „Publishing on Demand" an, bei dem keine bestimmte Auflagenhöhe im Voraus finanziert werden muss, sondern nach Bedarf gedruckt werden kann. Dabei gibt es zwei Formen: Drucke für den internen Gebrauch (oder als Vorbereitung zu veröffentlichenden Publikationen) sowie solche, die auch einen bibliografischen Eintrag in der Deutschen Nationalbibliografie und eine ISBN erhalten. Die ersten wären ggf. als PDF über die Webseite des Projekte auch anzubieten, während die zuletzt genannte reguläre Veröffentlichungsform auch über Bibliotheken, Buch-handel und Internet beschaffbar ist. (Dazu kann ergänzend die Form als eBook gewählt werden und außerdem auf der Projekt-Webseite eine PDF-Version zum Download bereitgestellt werden.)

3 Projektstatus

Um zu schildern, welche Bereiche die Dokumentation insgesamt umfassen soll, ist eine kurze Beschreibung notwendig, wie das Architekturbüro H&J historisch im weiteren Kontext zu betrachten ist. Die Anfänge der Zusammenarbeit zwischen Bernhard Hopp (1893-1962) und Rudolf Jäger (1903-1978) liegen noch in der Weimarer Zeit, für das gemeinsame Büro wurde innerhalb der Firma jedoch erst 1935 als Anfangsdatum gewertet. Das 40jährige Betriebsjubiläum wurde – zumindest aus der Rückschauperspektive – dem entsprechend 1975 gefeiert. Zu diesem Zeitpunkt war B. Hopp schon seit 13 Jahren verstorben und auch R. Jäger im ‚Ruhestandsalter'. Inzwischen war 1964 Johannes Gries als Partner in die Firma eingetreten, der bis zum Tode von B. Hopp ein enger Mitarbeiter für ihn insbesondere bei den Bauprojekten in Westfalen war. Für B. Hopp und R. Jäger – aber auch z.B. für den 1967 dann ebenfalls als Teilhaber in die Firma eingetretenen Dr. Daniel Brunzema – gilt, dass sie als Kirchenbaumeister auch aus eigenem christlichen Engagement motiviert waren.[3] Insofern gehört zur Dokumentation ihrer Aktivitäten auch die biografische Beleuchtung des persönlichen Hintergrundes. Denn wie sich zeigt, ist dieses Element für die Entscheidung der Bauherren, mit ihnen gemeinsam die Gestaltung von Kirchgebäuden zu unternehmen, von sehr großer Bedeutung. Für die Auftragsbeschaffung spielt die Ebene persönlicher Bekanntschaften und Netzwerke eine außerordentlich wichtige Rolle, so dass sowohl allgemein die biografischen Stationen der Beteiligten als auch bei den

---

[3] Dr. Brunzema war auch bis 1984, d.h. etwa bis zum Wechsel des Firmensitzes nach Bielefeld bzw. auch seines Wohnortes dorthin, Mitglied des Kirchenbau-Ausschusses der Nordelbischen Kirche (siehe dazu u.a. das Dankschreiben von Bischof Stoll vom 10.8.1984 in den Unterlagen des Bauausschusses LKAK 10.01 Nr. 151).

einzelnen Bauwerken nach dem genaueren Kontext und ihrer Vorgeschichte zu fragen ist.

Ein wichtiger Einschnitt ist gesellschaftlich und indivuell dabei sicher der Neubeginn nach dem Zweiten Weltkrieg. Beide Architekten hatten bereits altersmäßig ihre ,Lebensmitte' überschritten und die Herausforderungen der Wiederaufbauphase und später der sog. ,Wirtschaftswunderzeit' stellten sich vollkommen neu dar. Zwar gab es Kontinuitäten in persönlichen Bekanntschaften und Netzwerken, jedoch auch Brüche und Wechsel in architektonischen Anschauungen. Insofern ist es gerechtfertigt, beide zeitliche Epochen auch z.T. getrennt als Teilbereiche zu bearbeiten. Für die erste Phase kann das zu betrachtende Geflecht von Teilaspekten schematisch wie folgt dargestellt werden:

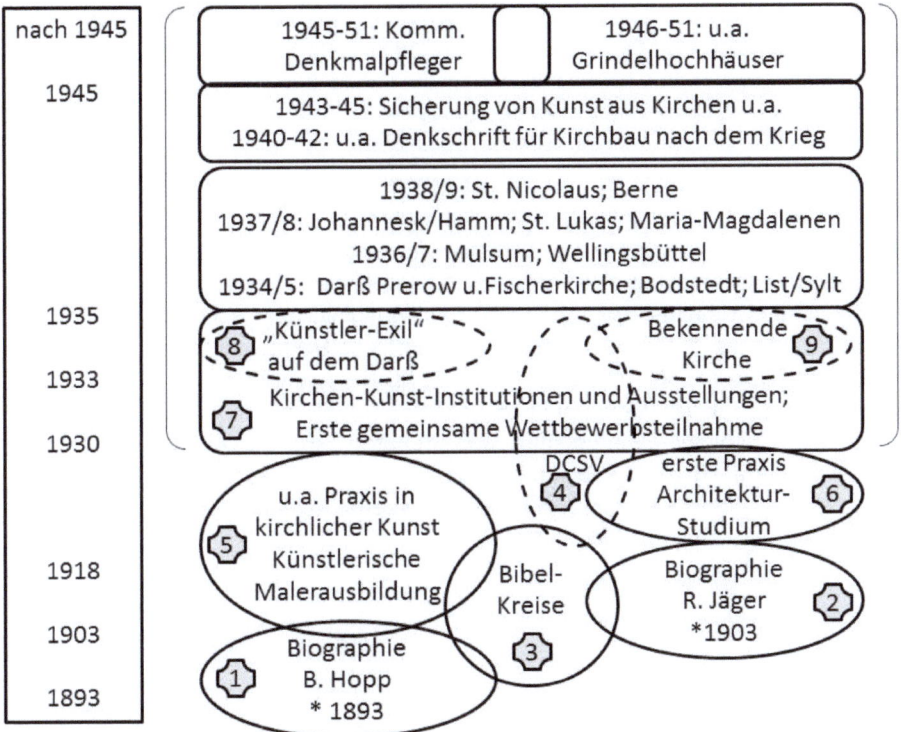

Dazu liegen z.T. bereits Selbstdarstellungen der beiden Architekten und z.T. Ausarbeitungen anderer Autoren vor, die es u.a. zu dokumentieren gilt.

Die zweite Phase (wie jedoch oben geschildert durchaus mit Kontinuitäten zur ersten) ist die Bautätigkeit nach dem Zweiten Weltkrieg, die sich u.a. langsam auch neuen Bauformen geöffnet hat.

Von besonderem Interesse ist neben der Tätigkeit von B. Hopp und R. Jäger auch die Mitarbeiterschaft. Z.T. besteht auch hier Kontinuität zur Vorkriegssituation, jedoch sind auch die Fluktuation und vor allem die künstlerisch-architektonischen Impulse durch neu Hinzukommende von Interesse.

3.1 Abgeschlossene Dokumentations-Teilprojekte

Etwas als ‚abgeschlossen' in unserer sich schnell wandelnden Zeit zu betrachten, ist eigentlich unangemessen, denn z.B. die Digitalisierung der gleich zu beschreibenden Foto-Bestände ist deshalb durchaus als vorläufig zu betrachten, weil zwar i.R. eine sehr hohe Auflösung beim Scan-Vorgang gewählt wurde, aber möglicherweise für künftige Publikationsprojekte Ausschnitte von Fotos benötigt werden, die in noch besserer Qualität verfügbar wären. – Die gewählte Dokumentationsform ist immer als ein Kompromiss zu sehen zwischen Zeitaufwand und Speicherplatzbedarf für das Scannen einerseits und dem Ziel, das Material überhaupt zu erschließen, auf der anderen Seite.

3.1.1 Digitalisierung des Foto-Bestandes Rheinländer

Das Hamburgische Architekturarchiv hat aus dem Nachlass des Fotografen Otto Rheinländer seinen gesamten Bestand an Negativen (sowie auch einigen zugehörigen Papierabzügen) erworben. Viele der alten Negative sind dabei noch auf Glasplatten erhalten, die durch ihre Feinkörnigkeit eine sehr hohe Auflösung erlauben. Das für das H&J-Projekt primär interessierende Material bildet einen Teilbestand, der im HAA mit dem Kürzel „JGB" bezeichnet wurde, also für den Firmennamen „Jäger, Gries und Brunzema". JGB als zuletzt in Hamburg ansässiges Nachfolge-Unternehmen des früheren Architekturbüros „Hopp und Jäger" hatte ja auch zuletzt bei Rheinländer Fotos in Auftrag gegeben. Insgesamt decken diese Fotografien und die Schaffensperiode Otto Rheinländers (1904-1977[4]) den Zeitraum von 1935 bis ca. 1975 ab:

---

[4] http://www.fotografenwiki.org/index.php/Otto_Rheinl%C3%A4nder: „von ca. 1930 an in Hamburg selbständig" (abgerufen am 21.1.2016)

Der als Beispiel gewählte Karton zeigt die handschriftlich Beschriftung: „JGB Wellingsbüttel 050"

Als Siglum wird für das Digitalisat der ersten der (darin befindlichen 12) Glasplatten folgendes verwendet. Das ist nach der Abstraktionsebene von vorn nach hinten so zu verstehen:

HAA_ORh_050.1_(0403).jpg
                Scan-Nummer
         Nr. im Karton
      Karton-Nr.
   Otto Rheinländer
Hamburgisches Architekturarchiv

Insgesamt verfügt das Hamburgische Architekturarchiv zu „JGB" über 55 Kartons mit mehr als 1100 Fotos.

Dabei finden sich bei den jüngeren Aufnahmen ab der Mitte der 1950er Jahre normalerweise nicht mehr Glasplatten als Negativträger, sondern auf transparenten Plastikfolien (Polyester oder einer Acetat-Verbindung) in verschiedenen Formaten sowohl als Einzelbilder als auch als Kleinbild-Filmstreifen. In einigen (wenigen Fällen) liegen dabei auch Farbaufnahmen vor.

Bei den Kleinbildfilmstreifen stellt die Nummerierung vor ein Problem der Dokumentation, weil die früher zum Entwickeln z.T. gebräuchlichen Nummerierungen mit z.B. 1a und 1b schwer eindeutig anzugeben sind. Deshalb kommt der Nummer des Scans große Bedeutung zu. Durch sie lassen sich die digitalen Aufnahmen eindeutig identifizieren.

3.1.2   Digitalisierung des Foto-Bestandes Lüden

Bei diesen Fotos handelt es sich um 109 Negativ-Filme, die die Witwe von Rudolf Jäger, Mechthild Jäger, von dem Fotografen Walter Lüden erworben hat. Dem Hamburgischen Architekturarchiv sind sie mit dem Nachlass von Rudolf Jäger, den sein Sohn Emmerich Jäger aufbereitet hat, als Teilbestand mit dem Siegel HAA_Jäger_N001 bis HAA_Jäger_N109 zugeführt worden. Dabei handelt es sich um insgesamt über 1200 Fotos.

Bei der Durchsicht und Aufarbeitung der ersten ca. 1159 Bilder haben sich außer Foto zu Projekten und Wettbewerben von H&J auch hochwertige Mileufotos von Hamburg angefunden. Sie entsprechen in etwa den Fotos aus einem aktuellen Fotobuch über Walter Lüden.[5] Die vorliegenden Fotos sind u.E. für eine weitere Auswertung absolut geeignet.

3.2 Archivierte Bestände

3.2.1 Bestand im HAA Jäger

Im HAA sind seit Juni 2013 die beruflichen und teils die private, biografische Situation betreffenden Unterlagen zu Rudolf Jäger deponiert, die sich bis dahin im Familienbesitz befunden haben. Dieser Bestand ist durch die mitgegebene Dokumentation und die dann datenbankgestützte Erfassung im HAA erschlossen.[6] Der Sohn Emmerich Jäger hat dazu z.T. auch Ergänzungen verfasst, die er den Projektmitgliedern meist in Form von elektronischen Vermerken zur Verfügung gestellt hat.

3.2.2 Digitalisierter Bestand B. Hopp

Wichtige Teile des Nachlasses von B. Hopp finden sich z.Z. im Besitz von Frau Ilse Hopp, der Witwe von Asmus Hopp, dem ältesten Sohnes von Bernhard Hopp, der ebenfalls eine Zeit lang als Architekt in der Firma mitgearbeitet hat. Dazu zählen u.a. die Tagebücher B. Hopps von 1936 bis 1962 sowie diverse Materialien zu seinen verschiedenen Arbeitsfeldern im Bereich des Entwurfs und Herstellung von kirchlicher Kunst als auch zu manchen der Kirchenbauwerke. Zudem sind die biographisch wichtigen Unterlagen zur Familiensituation, Schule und Ausbildungs- stationenerhalten. Auch Aufzeichnungen aus der Kriegszeit und zu den Zer- störungen der Hauptkirchen in Hamburg (St.Petri, St. Katharinen, St. Jacobi). Neben der eigenen biografischen Darstellung seiner Jugend in Rothenburgsort, die er kurz vor seinem Tod 1962 verfasst hat, findet sich auch von seiner Frau Edite Hopp eine Fortsetzung, die bis in die Anfänge der gemeinsamen Arbeit mit R. Jäger reicht.

Alle diese Materialien sind mit der freundlichen Genehmigung von Frau Ilse Hopp für das HuJ-Projekt fotografisch digitalisiert und in dieser Form sowohl der Familie als auch dem Projekt zugänglich. Eine Verbringung in den Bestand des HAA steht zur Zeit (Januar 2016) zur Diskussion (siehe unten „5.1 Auflistung von Dateien zum Bestand B. Hopp").

---

[5] Vgl. Zimmermann, Jan: Walter Lüden, Hamburg, Fotografien 1947-1965.- Junius Verlag, Hamburg 2014

[6] Ein elektronischer Datenbank-Auszug ist dazu in Dateiform verfügbar: „Bestandsverzeichnis_Rudolf_Jäger"

3.2.3 Digitalisierter Bestand B. Hopp im Nachlass G. Hopp

Ein Teil des Nachlasses von B. Hopp befindet sich im Nachlass von Dr. Gisela Hopp (1925-2015), der Tochter von B. Hopp, die noch vor ihrem Tod am 14.9.2015 bei mehreren Besuchen U. Gleßmer für das HuJ-Projekt Zugang zu der privaten Korrespondenz ihres Vaters geschaffen und das Fotografieren unterstützt hat. So liegen zu Briefwechseln mit zahlreichen Persönlichkeiten deren Schreiben an Hopp und z.T. auch maschinenschriftliche Durchschläge derjenigen Briefe vor, die Hopp selbst an diese geschrieben hat. Insgesamt handelt es sich um drei Aktenordner, die die Zeit von 1945 bis 1962 umfassen. Dazu hat U. Gleßmer auch eine tabellarische Sacherschließung erstellt, die wie die Digitalisate der Familie und dem Projekt elektronisch zur Verfügung stehen.

Auch hier ist eine Verbringung in den Bestand des HAA und Zusammenführung mit dem o.g. Bestand wünschenswert und steht zur Zeit (Januar 2016) zur Diskussion, ist möglicherweise aber auch noch von einer ausstehenden gerichtlichen Entscheidung über den Nachlass abhängig (siehe unten „5.2 Auflistung von Dateien zum Bestand G. Hopp").

3.2.4 H&J-Bestand im Staatsarchiv

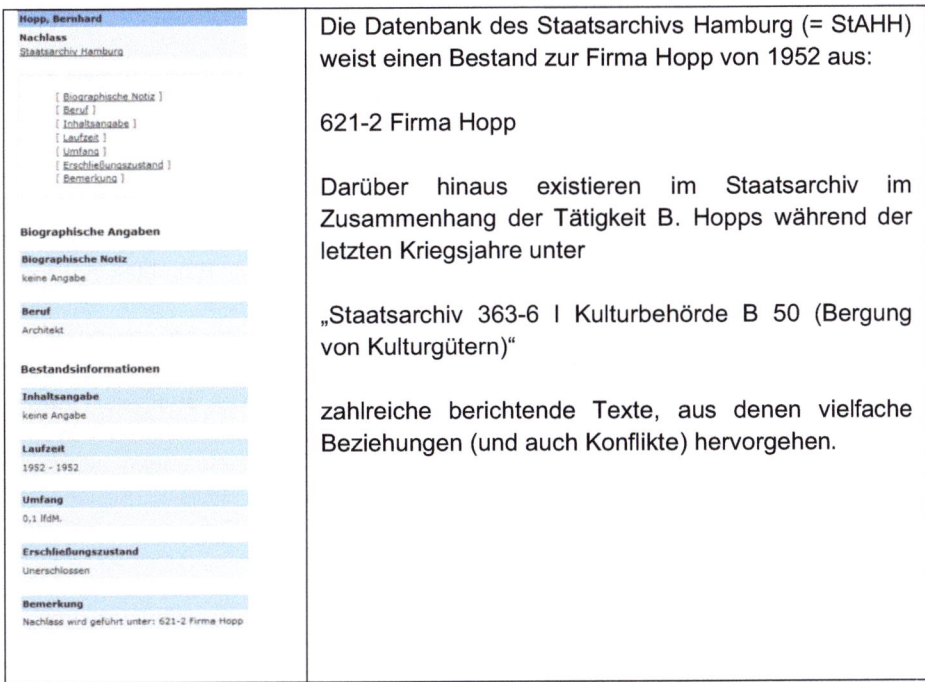

Die Datenbank des Staatsarchivs Hamburg (= StAHH) weist einen Bestand zur Firma Hopp von 1952 aus:

621-2 Firma Hopp

Darüber hinaus existieren im Staatsarchiv im Zusammenhang der Tätigkeit B. Hopps während der letzten Kriegsjahre unter

„Staatsarchiv 363-6 I Kulturbehörde B 50 (Bergung von Kulturgütern)"

zahlreiche berichtende Texte, aus denen vielfache Beziehungen (und auch Konflikte) hervorgehen.

Ausführlich wird zu den von der Firma Hopp und Jäger organisierten Bergungsarbeiten und im Zusammenhang der Tätigkeit im „Kulturluftschutz", die u.a. mit Zwangsverpflichteten und Kriegsgefangenen durchgeführt wurde, auch über den „verfemten" Künstler Erich Hartmann berichtet von:

Stefanie Kristina Werner: Erich Hartmann (1886-1974) . Leben und Werk eines Hamburger Malers Mit einem Verzeichnis der Gemälde und der „Kunst am Bau" Diss Universität Hamburg 2009 (elektr. Publikation 2011)[7]

Sie verweist

S. 146f „Das Architektenbüro Bernhard Hopp & Rudolph Jäger führte die Organisation und Bergung aus." – Die Anmerkungen 582ff verweisen u.a. auf die entsprechenden Quellen und Archivalien:

Anm.:

582 StA HH, Akte Kulturbehörde I, 363-6 I, B 50 (Bergung von Kulturgütern 1943-1946), o. Bl. Nr. sowie Archiv der Hochschule für Bildende Künste in Hamburg, Personalakte Erich Hartmann, Bl. 1.

583 Bruhns 2001, Bd. I, S. 427-431

584 StA HH, Akte Kulturbehorde I, 363-6 I, B 50 (Bergung von Kulturgutern 1943-1946), o. Bl. Nr. Zusammenfassung der Berichte von Hopp vom 2.01.1945, 20.01.1945, 23.01.1945, 29.01.1945, 8.02.1945, 10.02.1945, 14.02.1945, 16.02.1945, 9.03.1945, 12.03.1945, 15.03.1945, 16.03.1945, 17.03.1945, 20.03.1945, 22.03.1945, 31.03.1945 und von einem Bericht von Hartmann vom 28.02.1945.

585 Ebd. Bericht von Hopp am 12.04.1945.

586 Ebd. Bericht von Hopp am 6.06.1945.

Darüber hinausgehend hat J. Schröder eine Sichtung dieser Materialien im Blick auf das HuJ-Projekt durchgeführt und dazu einen digitalen Vermerk angelegt.[8]

3.2.5   H&J-Bestand in der Bauabteilung Hamburg-Ost

Im Zusammenhang der Auflösung des Hamburger Büros der H&J-Nachfolgefirma „Jäger, Gries & Brunzema" bzw. ab 1980 „Gries & Brunzema" hat Dr. D. Brunzema den Bestand der Akten zu den kirchlichen Bauwerken an die Bauabteilung des Sprengels Hamburg in der Nordelbischen Landeskirche abgegeben. Davon existiert derjenige Teil, der sich noch in der Administration und Betreuung des jetzigen Kirchenkreises Hamburg-Ost befindet, in der zugehörigen Bauabteilung. Ein Großteil der Akten mit Rechnungen und Schriftstücken aus der Bearbeitungszeit findet sich sowohl von Seiten H&J als auch das Pendant der kirchlichen Bauakten im dortigen Bau-Archiv. Außerdem existieren diverse Bauzeichnungen teils als Originale, als Abzüge von Pausen aber auch als Digitalisate. Frau S. Rehder ist sehr herzlich für die Erläuterungen und Ermöglichung des Zugangs zu diesen Materialien zu danken.[9]

---

[7] Download über: http://ediss.sub.uni-hamburg.de/volltexte/2011/5355/

[8] Die entsprechende Datei liegt intern vor.

[9] Eine Liste der auf H&J (oder Firmen-Nachfolger) zurückgehenden findet sich in einer Tabellenauflistung im Anhang unter „3.2.5 H&J-Bestand in der Bauabteilung Hamburg-Ost".

3.2.6   H&J-Bestand in Westfalen

Ein Teil der H&J-Aktivitäten hat bereits ab den 1930er Jahren in Nordrhein-Westfalen stattgefunden. Dazu liegen z.T. bereits Dokumentationen vor.

3.2.6.1 Bauzeichnungen im Landeskirchenamt Bielefeld

J. Schröder hat im Zusammenhang seiner Recherchen über die H&J-Kirchen in Westfalen u.a. Teile der Bauzeichnungen zu dortigen Kirchen (u.a. in Bielefeld und Hamm) fotografisch dokumentiert. – Auch zu dem für die künstlerische Gestaltung in der Region zuständigen Pastor Dr. Girkon hat J. Schröder umfangreiche Archivalien gesichtet und dokumentiert.

3.2.6.2 Aktenmaterial des Landeskirchenamt Bielefeld

Zusätzlich ist durch die freundliche Unterstützung vom Presbyter der Johanneskirche in Hamm-Norden, Herrn Markus Wesselmann, der Zugang zu archivalischen Daten ermöglicht, die aus den eigenen Recherchen der Kirchengemeinde zur 1938 eingeweihten Kirche stammen und die Begleitumstände dokumentieren.

3.2.7   Bauzeichnungen einer Kapelle in Sundern

Freundlicherweise sind von Herrn Pfarrer M. Vogt in Sundern/Arnsberg Bauzeichnungen und Dokumentationen zugänglich gemacht worden, die für einen eigentlich 1939 bereits am 10.6. genehmigten Bau angefertigt wurden.[10] Die Baugenehmigung wurde jedoch nach dem Beginn des Zweiten Weltkrieges am 18.6.1940 widerrufen. Nach dem Krieg wurde dort der Kirchbau nicht durch H&J durchgeführt. Von diesem Kirchbauvorhaben war zuvor nur durch zwei Notizen in KuK (1939) überhaupt Kenntnis vorhanden:

---

[10] Siehe dazu die Datei Sundern_1938ff.pdf sowie auch Chronik+Ev.+KG+Sundern.pdf.

KUNST UND KIRCHE

ZEITSCHRIFT FÜR CHRISTLICHE KUNST IN DER DEUTSCHEN
EVANGELISCHEN KIRCHE

Herausgegeben vom

KUNST-DIENST UND VOM VEREIN FÜR RELIGIÖSE KUNST IN DER EVANGELISCHEN KIRCHE,
FERNER VON PROFESSOR DR. FRIEDRICH GERKE, BERLIN, DIR. LIC. OSKAR THULIN, WITTENBERG,
ARCHITEKT WINFRIED WENDLAND, BERLIN

in Verbindung mit Professor Dr. H. Giesau, Halle, Pfarrer Dr. P. Girkon, Soest, Dr. G. Grundmann, Breslau, Kirchenrat G. Kopp, Stuttgart, Architekt G. Langmaack, Hamburg, Konservator Dr. E. Lutze, Nürnberg, Kirchenrat E. Ortloph, Nürnberg, Dr. E. Sauermann, Kiel, Oberkonsistorialrat Lic. Dr. O. Söhngen, Berlin, Professor Dr. D. Stählin, Münster

SCHRIFTLEITUNG: DR. MARTIN KAUTZSCH

16. Jahrgang	Heft 3	Mai/Juni 1939

INHALT:

Ausschnitt S. 65

In dem vor allem von Holland her in dem letzten Jahrzehnt geförderten und dorthin weisenden einheimischen Bachtern entstand der ausgezeichnete Bau der Johanneskirche in Hamm (Architekt Hopp, Hamburg) mit offener Vorhalle und Turm am Eingang, Emporen und Holztonne in dem breiten Innenraum. Wir werden demnächst ausführlicher auf diesen und auf den vom gleichen Architekten stammenden Kirchenbau in Sundern bei Arnsberg

Ausschnitt S. 92

14. Sundern bei Arnsberg, Kapelle. (Plan; 15500 RM.)
Architekt B. Hopp, Hamburg.

3.2.8 Künstlerdatei im Denkmalschutzamt

Im Denkmalschutzamt der Kulturbehörde finden sich sowohl die eigentlichen Denkmalschutzakten zu denjenigen H&J-Gebäuden, die in Hamburg unter Denkmalschutz stehen als auch in der Abteilung für Dokumentation weitere Datensammlungen: sowohl eine Kartei mit Zeitungsausrissen und bibliografischen Hinweisen und Referenzen als auch eine Künstlerkartei, in der jeweils zu B. Hopp als auch zu Rudolf Jäger Details in Ordner-Rubriken zusammengetragen sind.

3.3 Von den beiden Architekten verfasste Texte

Für die Dokumentation des HuJ-Projektes sind vor allem Primärtexte von Interesse, durch die der Hintergrund ihres künstlerisch-architektonischen, aber auch ihres christlich-theologischen und politisch-gesellschaftlichen Wirkens für den Kirchbau zu beleuchten ist. Um sich auf diese Texte in den weiteren Publikationen des HuJ-Projektes zu beziehen, werden die im Folgenden durch Fettdruck hervorgehobenen Kurztitel verwendet:

3.3.1 Druckschriften von Bernhard Hopp

Hopp (1931) KultForm

Hopp, Bernhard: Kultgerät. Hamburg. Werkstätten für kirchliche Kunst im Rauhen Haus.-
in: Kunst-Dienst-Ausstellung Kult und Form – Neues evangelisches, katholisches und
jüdisches Kultschaffen", Hamburg, 1931, S. 13

Hopp (1932) HambKZ

Hopp, Bernhard: Rezension von „Forschungen zur Kirchengeschichte und zur Kirchlichen
Kunst. Prof. Dr. Joh. Ficker … als Festgabe, Leipzig 1931".- in: HambKZ 9 (1932) S. 38-
39

Hopp (1932) SymbForm

Hopp, Bernhard: Begegnung mit dem Symbol.- in: Symbol und Form [Gedruckt als
Manuskript aus Anlaß der Ausstellung ‚Symbol und Form'; mit einem Geleitwort von D.
Knolle und einem Beitrag ‚Symbol und Form' von Hans Asmussen; Agentur des Rauhen
Hauses] ohne Jahr (1932) S. 13-21

Hopp (1934) DünebZ

Hopp, Bernhard: Das Symbol in der Friedhofskapelle zu Düneberg bei Geesthacht.- in:
Zeitschriftenausriss [des Heimatbund und Geschichtsverein Bezirksgruppe Geesthacht]
Zweite Jahreshälfte (1934) 2 Seiten

Hopp (1935) HambKZ

Hopp, Bernhard: Die erneuerte Turmhalle zu St.Jacobi.- in: HambKZ 12 (1935) S. 174-175

Hopp (1938) KuK

Hopp, Bernhard: Die Gestalt des Altars.- in: Kunst und Kirche Bd. 15,2 (1938) 3-6

Hopp (1946) Kunstpflege

Hopp, Bernhard: Berichte und Verzeichnisse über die Kunstzerstörungen in Deutschland :
Hamburg.- in: Die Kunstpflege, (1946), S. 134-146

Hopp (1947) SB

Hopp, Bernhard: Hamburgs Baudenkmäler. Nach dem Stande von 1946; in: Lüth, Erich
(Hg.): Neues Hamburg. Teil I: Zeugnisse vom Wiederaufbau der Hansestadt, Hamburg
1947, S.84-93

Hopp (1947) Baurundschau

Hopp, Bernhard: Über denkmalspflegerische Probleme beim Wiederaufbau Hamburgs.-
in: Baurundschau Jg. 37; H. 19/24 S. 115-131

Hopp (1949) Lichtw

Hopp, Bernhard: Das Rieck-Haus in Curslack.- in: Lichtwark [hrsg. vom Lichtwark-
Ausschuß Bergedorf] Bd. 1.1948/49 (1949), 11, Okt., S. 2

Hopp (1961)

Hopp, Bernhard: Die Auferstehungskirche in Minden : Erwägungen und Erläuterungen.-
Bruns Minden [7 Seiten, nach 1961]

3.3.2   Maschinenschriftlich oder als Manuskript Erhaltenes

Hopp (1946) Masch

Hopp, Bernhard: Bericht über die Kunstwoche der Stadt Konstanz vom 1. bis 13. Juni
1946.- [maschinenschriftlich 27 Seiten; Bestand des HAA Siglum 12003 mit Vermerk
durch B. Hopp an den Architekten-Kollegen G. Langmaack „mit frl. Gruß".]

Hopp (1948) Masch

Hopp, Bernhard: Forderungen der Kirche an Stadt- und Landesplaner : Vortrag anlässlich der Tagung "Kirche und Kunst" am Freitag, den 29.10.48 [maschinenschriftlich 6. Bl.]

Hopp (1962) Masch

Hopp, Bernhard: Erinnerungen an Rothenburgsort. [Maschinenschriftliche Lebenserinnerungen; auch im Bestand HAA_Jäger_A_009_002_Hopp_1962.pdf]

3.3.3 Druckschriften von Rudolf Jäger

Jäger (1933) NiederdKZ

Jäger, Rudolf: Symbol und Form.- in: Niederdeutsche Kirchenzeitung 1. Januar 1933; Jg. 3,1 (1933) S. 8-9

Collatz / Jäger (1934) GemKirche

Collatz, Fritz / Jäger, Rudolf: Die Gemeindekirche als Sinn und Ziel unserer Arbeit.- in: Die Gemeindekirche [Eine Schriftenreihe herausgegeben von Hans Asmussen, Rudolf Jäger und Fritz Collatz; Hans Harder Verlag Altona] Heft 1 (1934) S. 5-10 [weitere drei Hefte sind 1934 unter der Mitherausgeberschaft von R. Jäger erschienen]

3.3.4 Maschinenschriftlich oder als Manuskript Erhaltenes

Jäger (1971) Masch

Jäger, Rudolf: Arbeiten der Architekten Hopp und Jäger 1934 – 1962. Frau Edite Hopp überreicht zum 70. Geburtstag 22.1.1971 [Fotozusammenstellung und gelegentliche handschriftliche Notizen von R. Jäger und Mitarbeitern; im Familienbesitz Hopp]

Jäger (1973) Masch

Jäger, Rudolf: Meiner lieben Frau und meinen Kindern.- [maschinenschriftliche Autobiographie (176 Seiten), die freundlicherweise vom Sohn Emmerich Jäger dem Projekt zur Lektüre überlassen wurde; sie wird künftig wohl über einen Nachtrag zum Nachlass R. Jäger im Hamburgischen Architekturarchiv zugänglich werden]

3.3.5 Gemeinsame Schriftstücke von B. Hopp und R. Jäger

Hopp / Jäger (1942) Masch

Hopp, Bernhard / Jäger, Rudolf: Denkschrift zum Kirchenbau vom Februar 1942, Abschrift zu E.O.I. 6224/42, EZA, Bestand 7, 5769 (zugleich Rundschreiben des evang. Oberkirchenrates an die evang. Konsistorien vom 27.2.1942)

Hopp / Jäger (19xx)

Hopp, Bernhard / Jäger, Rudolf: Wiederaufbau des Turmes der Hauptkirche St. Katharinen zu Hamburg : Kostenanschlag / aufgestellt durch: Bernhard Hopp. Rudolf Jäger. Hamburg 19xx

Hopp / Jäger (1957)

Hopp, Bernhard / Jäger, Rudolf: Wiederaufbau der Hauptkirche St. Jakobi zu Hamburg : Kostenanschlag / aufgestellt durch: Bernhard Hopp. Rudolf Jäger. Hamburg 1957

3.4 Sekundär-Literatur zu beiden Architekten

3.4.1 Biografisches

Beyer (1963) KuK

Beyer, Oskar: Von den Anfängen einer Neugestaltung kirchlichen Geräts.- in: Kunst und Kirche 26,2 (1963) S. 80-83

Beyer (1964) Masch

Beyer, Oskar (Hrg.): Bernhard Hopp 1893-1962. Aus Vorträgen und Briefen zusammengestellt von O.B., Hamburg o.J. [vom Sohn Ralph-Alexander Beyer nach 1964 zur Verfügung gestellt; Kopien im StAHH A 522/0815 Kapsel 01 und im Familien-Nachlass B. Hopps]

Fischer (2000) SB

Fischer, Manfred F.: Denkmalpflege in Hamburg. Idee – Gesetz – Geschichte.- in: Arbeitshefte zur Denkmalpflege in Hamburg 19, Hamburg 2000, S. 57-62

Fischer (2008) SB

Fischer, Manfred F.: Hopp, Bernhard, geb. 28.10.1893 Hamburg, gest. 18.9.1962 ebd.; luth.; Architekt, Maler, Denkmalpfleger.- in: Kopitzsch, Franklin / Brietzke, Dirk (Hrg): Hamburgische Biografie – Personenlexikon Band 1, Hamburg 2008 (zweite Auflage), S. 140-141

Lange (1994)

Lange, Rolf: Wiederaufbau und Neuplanung 1943-1963.- [Die blauen Bücher;] 1994 [Darin S. 321 u.a. Kurzbiographien zu B. Hopp und R. Jäger]

3.4.2 Bibliographie und Kurztitel für Bezugnahmen

Allein die Datenbank des HAA bietet eine kaum zu übersehende Menge an Bezugnahmen auf die Bauten von Hopp und Jäger. Sie sind am zweckmäßigsten in der Zuordnung zu den einzelnen Bauwerken anzugeben. Zwei bibliografische Listen zu B. Hopp und R. Jäger, die Herr Karl Heinz Hoffmann als Exporte der Datenbank bereitgestellt hat, sind für das Projekt elektronisch verfügbar. Ebenso verweisen auch zwei umfangreiche Listen, die E. Jäger für den Nachlass zu Rudolf Jäger in zwei Phasen zusammengestellt hat, bereits auf diejenigen Seiten, die in den Publikationen sich auf die Darstellung von Bauten der Architekten H&J beziehen. In eckigen Klammern werden die Bezugnahmen, wenn vorhanden, beigefügt. Um die Arbeit in weiteren Beiträgen zum H&J-Projekt zu erleichtern sind auch Kurztitel zu jedem Eintrag hinzugefügt, um eine platzsparende, einfache und eindeutige Referenz gerade bei solchen Werken zu erlauben, die zu mehreren Gebäuden anzuführen sind. Enthalten ist auch sogenannte ‚graue Literatur', die nicht als gedruckte Bücher, sondern als interne Vervielfältigungen oder als Gemeinde-Festschriften erschienen sind. Letztere sind meist mit dem Kürzel „KG_..." beginnend (und mit einer vereinfachten Gemeindebezeichnung) eingeordnet:

Architektur (2013) JB

Architektur in Hamburg - Jahrbuch 2013, Junius Verlag: Bramsche 2013. [H&J S. 56f Die Sanierung der Hauptkirche St. Katharinen]

Baedeker (2013)

Baedeker: Hamburg, 16. Auflage, Ostfildern 2013, [Hauptkirche St. Jacobi - Hamburg, H&J S. 228]

Baader (1967)

Baader, Wolfgang (Hrg): Kirche zwischen Nord- und Ostsee. Ein Bildbericht über die Evangelisch-Lutherische Landeskirche Schleswig-Holsteins von Alf Schreyer. [Sonderausgabe der Reihe ‚Kirche in Bildern'; Reinhard Wester zum 65. Geburtstag mit ‚Tabula Gratulatoria'] Lutherische Verlagsgesellschaft Kiel 1967 [H&J S. 35, 85, 89, 92, 96, (100)]

Bajohr (1997)

Bajohr, Frank: 'Arisierung' in Hamburg. Die Verdrängung der jüdischen Unternehmer 1933–45. Hamburger Beiträge zur Sozial- und Zeitgeschichte 35, Hans Christians-Verlag, Hamburg 1997

Baller u.a. (2003)

Baller, Inken u.a. (Redaktion): Bernhard Hermkes „Facetten eines Lebens" 1903-1995, Ausstellungskatalog zum 100. Geburtstag von Bernhard Hermkes, Hrg. Brandenburgische Technische Hochschule Cottbus, Lehrstuhl Entwerfen-Bauen im Bestand, Cottbus 2003, [S. o.A. Grindelhochhäuser 1945-1954, Foto der Architektengemeinschaft, Architekt Rudolf Jäger, erster von links]

Bardua / Kähler (2012)

Bardua, Sven und Kähler, Gerd: Die Stadt und das Auto. Wie der Verkehr Hamburg veränderte. Schriftenreihe des Hamburgischen Architekturarchivs. Hg. von der Hamburgischen Architektenkammer und dem Museum für Arbeit. München, Hamburg 2012. [Bernhard Hopp: S.52, H&J S.197]

Bartels (1989)

Bartels, Olaf (Hrg.): Rudolf Lodders, Schriften zum Neuaufbau 1946-1971. Schriftenreihe des Hamburgischen Architekturarchivs. Hamburg 1989. [Architekten für die Bebauung des Grindelbergs, H&J S. 38 – Vorschlag des BDA an die Militärverwaltung]

Bartels (1998)

Bartels, Olaf (Hrg.): Die Architekten Langmaack. Planen und Bauen in 75 Jahren.- Dölling und Galitz, Hamburg 1998

Baumann (2013)

Baumann, Uwe: Kunst und Kirche im Nationalsozialismus. Kunst und Politik Bd. 15.- Vandenhoeck und Ruprecht Göttingen 2013.

Bauwelt (2009)

Bauwelt 8/2009: Christenkreuz und Hakenkreuz. Deutsche Gesellschaft für christliche Kunst. Ausstellung bis 20.3. [H&J –Kirche in Hamburg- Wellingsbüttel]

Behr (1990)

Behr, Karin von: Ferdinand Streb. Zur Architektur der fünfziger Jahre in Hamburg. Hamburg 1990. [H&J S.33,103,139; Arch. Rud. Jäger: S. 10,33,103]

Berkemann / Denkmalschutzamt (2007)

Berkemann, Karin / Denkmalschutzamt Hamburg (Hrsg.): "Baukunst von morgen!" Hamburgs Kirchen der Nachkriegszeit. Dölling und Galitz Verlag, Hamburg 2007

Berthold (1939) KuK

Berthold, Martin : Die Johanneskirche in Hamm-Norden; in: Kunst und Kirche Bd. 16,4 (1939) 87-88

Beyer (1963) KuK

Beyer, Oskar: Von den Anfängen einer Neugestaltung kirchlichen Geräts; in: Kunst und Kirche 26,2 (1963) S. 80-83

Beyer (1964) Masch

Beyer, Oskar (Hrg.): Bernhard Hopp 1893-1962. Aus Vorträgen und Briefen zusammengestellt von O.B., Hamburg o.J. [nach 1964 StAHH]

Beyer (1968) SB

Beyer, Oskar: Kirchenbauten unserer Zeit.- in: Wagner (Hrg): Kult und Form.- (1968) S. 57-59 [= Beyer, Oskar in: KuK 5 (1928) S. ???]

Bielfeldt (1964)

Bielfeldt, Johann: Der Kirchenkampf in Schleswig-Holstein 1933-1945.- AGK, Erg.-Reihe Bd. 1, Göttingen 1964

Blümm (2013)

Blümm, Anke: „Entartete Baukunst"? – Zum Umgang mit dem Neuen Bauen 1933 – 1945. Schriften der Berliner Forschungsstelle „Entartete Kunst".- Wilhelm Fink Verlag, München 2013

Boeck (1939) KuK

Boeck, Christian: Die Voraussetzungen des Kirchenbaus in Hamburg-Wellingsbüttel; in: Kunst und Kirche Bd. 16,4 (1939) 88-89

Boll (1932a) HambKZ

Boll, Karl: Künstlertum und Kirche.- in: HambKZ (1932) S. 50-51

Boll (1932b) HambKZ

Boll, Karl: Symbol und Form.- in: HambKZ (1932) S. 76-77.

Bose / Holtmann u.a. (1986)

Bose, Michael / Holtmann, Michael / Machule, Dittmar / Pahl-Weber, Elke / Schuber, Dirk: >Ein neues Hamburg entsteht...< Planen und Bauen von 1933-1945 [Beiträge zur städtebaulichen Forschung, Band 2, hrsgg von der TU Hamburg Harburg Forschungsschwerpunkt 6 >Stadterneuerung und Werterhaltung<, Städtebau I], VSA-Verlag Hamburg 1986

Bracker (1937) EvHamburg

Bracker, D.: Wie bezeugen wir die Gottessohnschaft Jesu nach den Synoptikern?.- in: Das Evangelische Hamburg (ab März 1937 ‚Das Niederdeutsche Luthertum') 1937 S. 250-252 (forgesetzt durch weitere Beiträge S. 282-284, 299-300, 328-332

Braun / Nicolaisen (1985)

Braun, Hanneore / Nicolaisen, Carsten: Verantwortung für die Kirche : stenographische Aufzeichnungen und Mitschriften von Landesbischof Hans Meiser 1933-1955.- Vandenhoeck und Ruprecht 1985

Bräuer (1995) SB

Bräuer, Siegfried: ,Gehorsam gegen den in der völkischen Geschichte wirkenden Gott'. Hanns Rückert und das Jahr der nationalen Erhebung.- in: Mehlhausen, Joachim (Hrsg): ,... und über Barmen hinaus' Studien zur Kirchlichen Zeitgeschichte; Festschrift für Carsten Nicolaisen zum 4. April 1994 (AzkZG Reihe B; Bd. 23); Vandenhoeck und Ruprecht Göttingen 1995, S. 204-233

Bräuninger (2013) ZfSHKG

Bräuninger, Michaela: „Nehmen sie den Leib, Gut, Ehr, Kind und Weib..." Aspekte des Neuanfangs im Protestantismus in den Jahren nach 1945, dargestellt am Beispiel der Bahrenfelder Luthergemeinde.- in: ZfSHKG 1 (2013) 223-258

Bräuninger (2014) ZfSHKG

Bräuninger, Michaela: Kirche in der Sinnkrise? Die Kirchengemeinde St. Jürgen in Heide nach den beiden Weltkriegen. Masterarbeit Geschichtswissenschaft ms. Kiel 2014, z.Z. im Druck für ZfSHKG 3 (2016)

Bräuninger (2015) Auskunft

Bräuninger, Michaela: Die Geschichte der Lutherkirchengemeinde Wellingsbüttel in den Jahren 1933 bis 1960. Eine Projektskizze.- in: Die Auskunft 35,2 (2015) S. 271- 283

Brülls (1994)

Brülls, Holger: Neue Dome. Wiederaufnahme romanischer Bauformen und antimoderne Kulturkritik im Kirchenbau der Weimarer Republik und der NS-Zeit. Berlin, München Verlag für Bauwesen 1994 [ISBN 3345005603}

Brülls (1995) KrBer

Holger Brülls: >Deutsche Gotteshäuser< - Kirchenbau im Nationalsozialismus: ein unterschlagenes Kapitel der deutschen Architekturgeschichte; in: kritische berichte - Zeitschrift für Kunst- und Kulturwissenschaften Bd. 23,1 (1995) S. 57-68 (http://journals.ub.uni-heidelberg.de/index.php/kb/article/view/11042)

Bruhns (2001^2)

Bruhns, Maike: Anita Rée – Leben und Werk einer Hamburger Malerin 1885-1933.- [Veröffentlichungen des Vereins für Hamburgische Geschichte Bd. 29], Hamburg 1986; 2. Aufl. Hamburg 2001

Bruhns (2011)

Bruhns, Maike: Bauschmuck bei Fritz Schumacher. Ein Kaleidoskop der Künste. München,Hamburg 2011. [Bernhard Hopp: S. 109,114,203,205,372]

Bruhns (2013^2)

Bruhns, Maike: Der neue Rump.- 2. Aufl. Hamburg 2013

Büttner (2015) ZfSHKG

Büttner, Ursula: Vom ,Altonaer Blutsonntag' zum ,Altonaer Bekenntnis'. Evangelische Kirche in der Staatskrise der Weimarer Republik,- in: Zeitschrift für Schleswig-Holsteinische Kirchengeschichte 2 (2015) S. 127-145

BDA-HH (1956)

Bund Deutscher Architekten Hamburg (Hrg.): das beispiel. Querschnitt durch das Schaffen Hamburger Architekten. Pfungstadt/ Hessen, November 1956. [H&J S.12, Arch. Jäger: S.144 (Arch. Gemeinschaft Grindelberg)]

Cornehl (2002)

Cornehl, Ulrich: Der Architekt Werner Kallmorgen (1902-1979). Hamburg-München 2002. [H&J S 296: Ideenwettbewerb Neu Eimsbüttel 1955. S. 320: Kirchenbauwettbewerb Harburg 1951]

DBauZ (2000)

Deutsche Bauzeitung (db) 3/2000: …in die Jahre gekommen. Architektengemeinschaft Grindelberg. [Arch. R.Jäger S. 92]

Dehio (1971)

Dehio, Georg. Handbuch der Deutschen Kunstdenkmäler. Hamburg, Schleswig-Holstein. Darmstadt 1971 [H&J S. 14,19,58]

Denecke / Stolt (2000)

Denecke, Axel u. Stolt, Peter: Das Katharinenbuch - das Kirchspiel von St. Katharinen. Hamburg 2000. [B. Hopp: S.32,33,55,60,83,86; [H&J S. 84,88,103,111]

Denzler / Fabricius (1984)

Denzler, Georg / Fabricius, Volker: Die Kirchen im Dritten Reich. Christen und Nazis Hand in Hand?; Band 1: Darstellung, Band 2: Dokumente; Fischer, Frankfurt 1984

Dietrich (2013) DWL

Dietrich, Eva: Die Johannes-Kirche in Hamm-Norden. Eine Kirche im Spannungs-feld zwischen Nationalsozialismus und ,Bekennenden Christen'.- in: Denkmalpflege in Westfalen-Lippe, 2013 S. 74-83

Distel (1933) Diss

Distel, Walter: Protestantischer Kirchenbau seit 1900 in Deutschland.- Diss ETH Zürich 1933 (eDiss)

Donath (2011)

Donath, Matthias: Hamburg 1933-1945, „Führerstadt" an der Elbe. Ein Architekturführer.- Imhoff, Petersberg 2011 [H&J S. 149-152]

Drechsler (1955)

Drechsler, Adolf (Hrg.): 700 Jahre St.Jacobi zu Hamburg 1255-1955, Festschrift. Hamburg 1955 [Beitrag Bernhard Hopp: S. 55,59]

Droste (2000) SB

Droste, Magdalena: »Der Kunst Dienst. Kunsthandwerk und Design zwischen Kirche und NS-Staat« In: Ausst.-Kat. Die nützliche Moderne. Graphik und Produkt-Design in Deutschland 1935–1955. Münster 2000 (Westfälisches Landesmuseum für Kunst und Kulturgeschichte); S. 116–130

Ellert / Richter (2013)

Ellert und Richter, Verlag und Hrg.: Hamburg- der besondere Stadtführer. Hamburg 2013. [Rudolf Jäger, Nr. 63, S. 142 (Grindelhochhäuser)]

Endell (1938) HambKZ

Endell, Fritz: Maria Magdalena in Bibel, Legende und deutscher Kunst.- in: HambKZ (1938) S. 72-75

Endlich / Geyler-von Bernus / Rossié (2008)

Endlich, Stefanie; Geyler-von Bernus; Rossie, Beate (Hrg.): Christenkreuz und Hakenkreuz. Kirchenbau und sakrale Kunst im Nationalsozialismus, Metropol Verlag, Berlin 2008. [H&J S. 46-48 – Lutherkirche in Hamburg- Wellingsbüttel]

Engelke (1933)

Engelke, Friedrich: Ein Mann aus dem Volk im Dienst für das Volk - 100 Jahre Rauhes Haus. 1833 * 12.September * 1933.- Agentur des Rauhen Hauses, Hamburg 1933

Evang_Kunstdienst (2013)

Der evangelische Kunst-Dienst in Dresden 1928-1933 (ohne Autorennamen elektronisch veröffentlicht unter http://www.umwelt-monitor.de/2013/05/der-evangelische-kunst-dienst-1928-1933/ (gespeichert als Der_ev_Kunst-Dienst_2013.pdf)

Fehl (1994) Thesis

Fehl, Gerhard: Führer-Wohnungsbau und Landschaftsnorm. Zum Scheitern des Heimatschutzes im Nationalsozialismus.- 1994

Fehrmann (2015) Münster

Fehrmann, Antje: ‚Im Straßenbild wirkungsvoll' - Kirchenbauten in der Stadt Hamburg vom Mittelalter bis 1965.- in: das münster 68. Jg (2015) Heft 1, S. 12-19

Fischer (2000) SB

Fischer, Manfred F.: Denkmalpflege in Hamburg. Idee – Gesetz – Geschichte.- in: Arbeitshefte zur Denkmalpflege in Hamburg 19, Hamburg 2000, S. 57-62

Fischer (2008^2) SB

Fischer, Manfred F.: Hopp, Bernhard, geb. 28.10.1893 Hamburg, gest. 18.9.1962 ebd.; luth.; Architekt, Maler, Denkmalpfleger.- in: Kopitzsch, Franklin / Brietzke, Dirk (Hrg): Hamburgische Biografie – Personenlexikon Band 1, Hamburg 2008 (zweite Auflage), S. 140-141

Fix (2007) SB

Fix, Karl-Heinz: Schreiner, Helmuth Moritz.- in: Neue deutsche Bibliographie Bd. 23 (2007) S, 538-539

Frank (1935)

Frank,Hermann: Dein Klein-Häuschen. Ein Weg zur Auflockerung der Städte. 3. Aufl.; Hamburg 1935

Fricke (2006)

Fricke, Helmuth: Der Wandsbeker Markt, ein lebendiges Zentrum. Hamburg 2006. [H&J S.20]

Gleßmer / Gleßmer (2010) JAV

Gleßmer, Dagmar / Gleßmer Uwe: Bronzezeitliche Funde und die Lokalisierung des Hügelgrabs ‚Kriedenberg' in Wellingsbüttel; in: Jahrbuch des Alstervereins 84 (2010) S. 147-192 (online: http://resolver.sub.uni-hamburg.de/goobi/PPN637045238_0084).

Gleßmer / Lampe (2016)

Uwe Gleßmer / Alfred Lampe: Kirchgebäude in den Alsterdorfer Anstalten: Die Umgestaltungen der St. Nicolauskirche, Friedrich K. Lensch (1898-1976) und Deutungen des Altar-Wandbildes.- Books on Demand, Norderstedt 2016 [zweite, korrigierte Auflage]

Gretzschel (2000)

Gretzschel, Matthias: Kirchen in Hamburg. Geschichte, Architektur, Angebote. Hamburg 2000. [H&J S.41,50,62-63]

Gretzschel (2013)

Gretzschel, Matthias: Kirchen in Hamburg. Geschichte, Architektur, Angebote. Hamburger Abendblatt-edition, Hamburg 2013. [H&J S. 70,81,118, 193ff]

Großmann (2005) Mitteilungen

Großmann, G. Ulrich: Völkische Fachwerkdeutungen zwischen 1907 und 2007 in Norddeutschland.- in: Mitteilungen 24 (2005) S. 39-48

Grundmann (1960)

Grundmann, Günther: Großstadt und Denkmalpflege, Hamburg 1945 bis 1959. Christians Verlag Hamburg 1960. [Bernhard Hopp: S. 7- Vorwort, 15, u.ö., H&J S. 33, 35, 42, 63, 68, 71f, 78f, 82, 88, 108, 110,112 u.ö.]

Grundmann / Helms (1993)

Grundmann, Friedhelm / Helms, Thomas: Wenn Steine predigen. Hamburgs Kirchen vom Mittelalter bis zur Gegenwart.- Medien Verlag Schubert, Hamburg 1993

Gurlitt (1906) HdArch

Gurlitt, Cornelius: Artikel Kirchen.- in: Handbuch der Architektur. IV. Teil, 8. Halbband, Heft 1. J. M. Gebhardts Verlag, Leipzig. (Alfred Kröner Verlag, Stuttgart 1906

Haerter / Stolt (1999) ZVHG

Haerter, Berthold W. / Stolt, Peter: Die Vorgänger des Kirchlichen Kunstdienstes in Hamburg.- in: ZVHG 85 (1999) 63-84 [elektronisch verfügbar über http://agora.sub.uni-hamburg.de/subhh/digbib/ssearch] [Zu Hopp S. 75a33, 78; 80;84a56]

Hamb_u_s_B (1953)

Architekten- und Ingenieurverein-Hamburg e.V. (Hrg.): Hamburg und seine Bauten 1929-1953. Hamburg 1953 [H&J S. 67]

Hamb_u_s_B (1969)

Architekten- und Ingenieurverein-Hamburg e.V. (Hrg.): Hamburg und seine Bauten 1954-1968. Hamburg 1969 [H&J S. 377,525]

Hamb_u_s_B (1985)

Architekten- und Ingenieurverein-Hamburg e.V. (Hrg.): Hamburg und seine Bauten 1985-2000. Hamburg 1985. [Arch. Dr. Daniel Brunzema: S.422]

Hamburger Kunsthalle (1983)

Hamburger Kunsthalle (Hrg.): Verfolgt und Verführt. Kunst unterm Hakenkreuz in Hamburg 1933 - 1945 ; Hamburger Kunsthalle, 12. Mai - 3. Juni 1983 ; [Ausstellung d. Hamburger Kunsthalle u.d. Museumspädag. Dienstes Hamburg] / [in Zusammenarbeit mit d. Museum für Kunst u. Gewerbe. Inhalt u. Konzeption von Ausstellung u. Katalog: Sigrun Paas ; Hans-Werner Schmidt. Katalog-Red.: Sigrun Paas]; 1983

Hammer (1991) ZVHG

Hammer, Friedrich: Kirche in politischen Ausnahmesituationen : Erlebnisse eines Pfarrers in Hamburg und Altona 1930 – 1956.- in: ZVHG 77 (1991) S. 77-100

Hattendorff (1994) JAV

Hattendorff, Mathias: Klein Borstel. Ein Dorf in Hamburg! [Rez. von Thiele (1994)] in: JAV (1994) S. 115

Hauschild-Thiessen (2007) NDB

Hauschild-Thiessen, Renate, „Schröder", in: Neue Deutsche Biographie 23 (2007), S. 553-554 [Onlinefassung]; URL: http://www.deutsche-biographie.de/pnd118761811.html

Hering (1990) ZVHG

Hering, Rainer: 50 Jahre Evangelische Studentengemeinde 1938-1988. Versuch einer Spurensicherung (Hamburg 1989, 86 S.) [Rez.].- in: ZVHG 76 (1990) S. 283

Hering (1993) ZVHG

Hering, Rainer: Frauen auf der Kanzel? Die Auseinandersetzungen um Frauenordination und Gleichberechtigung der Theologinnen in der Hamburger Landeskirche – Von der Pfarramtshelferin zur ersten evangelisch-lutherischen Bischöfin der Welt.- in: ZVHG 79 (1993) S. 163-209

Hering (1994) ZVHG

Hering, Rainer: Festschrift 50 Jahre Kirche Maria Magdalenen zu Klein Borstel 1938-1988.- in: ZVHG 80 (1994) S. 243

Hering (1995)

Hering, Rainer: Die Bischöfe Simon Schöffel und Franz Tügel. Hamburger Lebensbilder 10.- (hrsg v. Verein für Hamburgische Geschichte), Verlag Verein für Hamburgische Geschichte, Hamburg 1995

Hering (1997) SB

Hering, Rainer: Marianne Timm: geb. 8.2.1913 in Hamburg; gest. 1.11.1993.- in: Demokratische Wege : deutsche Lebensläufe aus fünf Jahrhunderten. - Stuttgart [u.a.] : Metzler. - 1997, S. 641-643

Hering (2000) ZVHG

Hering, Rainer: Kirche und Universität. Die Anfänge der evangelischen Studierendenseelsorge und akademischer Gottesdienste an der Hamburger Universität in der Weimarer Republik und im ‚Dritten Reich'.- in: ZVHG 86 (2000) S. 275-306

Hipp (1989)

Hipp, Hermann: Freie und Hansestadt Hamburg, Kultur und Stadtbaukunst an Elbe und Alster, Köln 1989. [H&J S.162,179,360,445,461, 466,467,478; Bernhard Hopp: S. 164, 179, 386]

Hipp (1990^2)

Hipp, Hermann: Freie und Hansestadt Hamburg. Geschichte, Kultur und Stadtbaukunst an Elbe und Alster. DuMont Kunst-Reiseführer, DuMont Buchverlag Köln; 2. Auflage 1990

Hirte (1983)

Hirte, Rolf: Bauten und Projekte 1953-1983. Ochsenfurt (o. Datum). [Mitarbeiter bei Büro Hopp und Jäger]

Hoffmann (1959)

Hoffmann, Kurt: Lodders, Rudolf; Sander, Albrecht (Hrg.): Die Hochhäuser am Grindelberg- der Architektengemeinschaft Grindelberg Hamburg, Stuttgart 1959. [Rudolf Jäger S. 2 u. 3]

Hoffmann (2013) Web

Hoffmann, Karl Heinz: Rudolf Jäger

Hong (2001)

Hong, Haejung: Die Deutsche Christliche Studenten-Vereinigung (DCSV) 1897 – 1938. Ein Beitrag zur Geschichte des protestantischen Bildungsbürgertums.- Tectum verlag Marburg 2001

Hootz (1961)

Hootz, Reinhardt (Hrg.): Deutsche Kunstdenkmäler. Ein Bildhandbuch. Hamburg, Schleswig-Holstein. Darmstadt 1961. [Rudolf Jäger, S. 49, 360 (Grindelhochhäuser)]

Hopp (1932) HambKZ

Hopp, Bernhard: Rezension von „Forschungen zur Kirchengeschichte und zur Kirchlichen Kunst. Prof. Dr. Joh. Ficker … als Festgabe, Leipzig 1931".- HambKZ 9 (1932) S. 38-39

Hopp (1935) HambKZ

Hopp, Bernhard: Die erneuerte Turmhalle zu St.Jacobi.- HambKZ 11,12 (1935) S. 174-175

Hopp (1938) KuK

Hopp, Bernhard: Die Gestalt des Altars.- in: Kunst und Kirche Bd. 15,2 (1938) S. 3-6

Hopp (1942) Masch

Hopp, Bernhard: Denkschrift zum Kirchenbau vom Februar 1942, Abschrift zu E.O.I. 6224/42, EZA, Bestand 7, 5769 (zugleich Rundschreiben des evang. Oberkirchenrates an die evang. Konsistorien vom 27.2.1942)

Hopp (1947) SB

Hopp, Bernhard: Hamburgs Baudenkmäler. Nach dem Stande von 1946; in: Lüth, Erich (Hg.): Neues Hamburg. Teil I: Zeugnisse vom Wiederaufbau der Hansestadt, Hamburg 1947, S.84-93

Hopp (1947) Baurundschau

Hopp, Bernhard: Über denkmalspflegerische Probleme beim Wiederaufbau Hamburgs.- in: Baurundschau Jg. 37; H. 19/24 S. 115-131

Jäger (1933) NiederdKZ

Jäger, Rudolf: Symbol und Form.- in: Niederdeutsche Kirchenzeitung Jg. 3,1 (1933) S. 8-9

Kähler (2009)

Kähler, Gerd: Von der Speicherstadt bis zur Elbphilharmonie. Hundert Jahre Stadtgeschichte Hamburg. Schriftenreihe des Hamburgischen Architekturarchivs. München, Hamburg 2009. [Rudolf Jäger S. 114]

Kautzsch (1939) KuK

Kautzsch, Martin: Die Kirchenbaumeister Bernhard Hopp und Rudolf Jäger; in: Kunst und Kirche Bd. 16,4 (1939) 83-87

KG_Berne (1989)

Ev.-Luth. Friedens-Kirchengemeinde Berne (Hrsg): 50 Jahre Friedenskirche Berne 1939-1989; Eigenverlag (verantw. Dr. I. Christiansen-Frettlöh) 1989.

KG_Berne (2009)

Ev.-Luth. Friedens-Kirchengemeinde Berne (Hrsg): 70 Jahre Friedenskirche Berne 1939-2009.

KG_Hamm (2006)

Kirchengemeinde Hamm (Hrsg): Kirchbau in schwerer Zeit. Hamm 2006

KG_Hamm (2013)

Kirchengemeinde Hamm (Hrsg): Aus Hoffnung geschnitzt. Die Johanneskirche Hamm-Norden in Bildern und Gedanken; Hamm 2013

KG_Maria-Magdalenen (1963)

Kirchengemeinde Maria-Magdalenen (Hrsg): Maria-Magdalenen zu Hamburg Klein-Borstel 1938-1963; (Gebr. Küsters Buchdruckerei, Hamburg 39) 1998

KG_Maria-Magdalenen (1988)

Kirchengemeinde Maria-Magdalenen (Hrsg): 50 Jahre Kirche Maria-Magdalenen zu Klein-Borstel 1938-1988; (interne Vervielfältigung) 1988

KG_Maria-Magdalenen (1998)

Kirchengemeinde Maria-Magdalenen (Hrsg): 60. Kirchweihfest. Ev.-Luth. Kirchengemeinde Maria-Magdalenen zu Hamburg Klein-Borstel 1938-1998; Eigenverlag (Verantw. U.a. Wolfgang Behrens) 1998

KG_Maria-Magdalenen (2013)

Kirchengemeinde Maria-Magdalenen (Hrsg): 75. Kirchweihfest. Ev.-Luth. Kirchengemeinde Maria-Magdalenen zu Hamburg Klein-Borstel 1938-2013; Eigenverlag 2013

KG_Osterkirche_Bramfeld (2014)

Ev.-Luth. Osterkirchengemeinde Bramfeld (Hrsg): 100 Jahre Osterkirche. Festschrift zum 100-jährigen Bestehen der Osterkirche.- 2014.

KG_St.Katharinen (2013)

Hauptkirche St. Katharinen (Hrg.): St. Katharinen. Die Hauptkirche und ihr Viertel – eine Wiederentdeckung. Elbe+Flut Edition. Junius Verlag. Hamburg, Mai 2013. [H&J S. 91,148; Bernhard Hopp: S. 55,87,88,92,221]

KG_Wellingsbüttel (1987)

Ev.-Luth. Kirchengemeinde Wellingsbüttel (Hrsg): Festschrift 50 Jahre Lutherkirche Wellingsbüttel 1937-1987; Eigenverlag 1987

KK_Alt-Hamburg_Nr_30 (1992) Masch

Ev.-Luth. Kirche in Norddeutschland: Dokumentation - Baugeschichtliche und technische Beschreibung der Maria-Magdalenen-Kirche Hamburg Klein-Borstel Stübeheide 173. Baujahr: 1938. Architekten: Hopp und Jäger; Hamburg 1992

Klée Gobert (1968)

Klée Gobert, Renata: Die Bau- und Kunstdenkmale der Freien und Hansestadt Hamburg (Hrg. v. Joachim Gerhardt). Bd. III: Innenstadt: die Hauptkirchen St. Petri, St. Katharinen, St. Jacobi.- Christian Wegner Verlag 1968. [H&J S.229 u.ö.]

Klée Gobert (1970)

Klée Gobert, Renata: Die Bau- und Kunstdenkmale der Freien und Hansestadt Hamburg, Band III, Altona-Elbvororte. Hamburg 1970. [H&J S.67: Christians-Kirche, Wiederherstellung 1946-52]

Klemm (2004)

Klemm, David: Das Museum für Kunst und Gewerbe. Von den Anfängen bis 1945. Hamburg-Berlin 2004. [H&J S. 375]

Knolle (1932b) HambKZ

Knolle, Theodor: Kirche und Kunst.- in: HambKZ (1932) S. 76-77.

Knuth u.a. (1995)

Knuth, Hans / Soeffner, Georg / Nissle, Cornelius / Helms, Thomas: Dächer der Hoffnung. Kirchenbau in Hamburg zwischen 1950 und 1970; Christians Verlag Hamburg, 1995

König (1989)

König, Ernst: Chronik der Kirchengemeinde Wellingsbüttel 1938-1988. Hamburg : Eigenverlag Kirchengemeinde Wellingsbüttel, 1989

Kohlwage u.a. (2015) SB

Kohlwage, Kar Ludwig / Kamper, Manfred / Pörksen, Jens-Hinrich: ‚Was vor Gott recht ist' Kirchenkampf und theologische Grundlegung für den Neuanfang der Kirche in Schleswig-Holstein nach 1945.- Matthiesen Verlag, Husum 2015

Kopitzsch / Brietzke (2008)

Kopitzsch, Franklin und Brietzke, Dirk (Hrg.): Hamburgische Biografie, Personenlexikon Bd. 1. Zweite Auflage, Hamburg 2008. [Art. ‚Bernhard Hopp' v. Manfred F. Fischer S. 140-141]

Kossak (2012)

Kossak, Egbert: Stadtbild Hamburg. Mythos, Wirklichkeit, Vision. München, Hamburg 2012. [Rudolf Jäger S. 169]

Krempe (1963)

Krempe, Fritz; Meyer-Marwitz, Bernhard: Hamburger, Versuch einer Topographie. Hamburg 1963. [Bernhard Hopp: Portrait S.46,47]

Kröger (2010) SB

Kröger, Peter: Baugeschichte – Geschichte der Marien Kirchen Gemeinde.- in: 50 Jahre St. Marien 1960 – 2010. Hamburg 2010. [H&J S. 9-11;19]

Küllmer (2012)

Küllmer, Björn: Die Inszenierung der protestantischen Volksgemeinschaft. Lutherbilder im Lutherjahr 1933; Logos-Verlag Berlin 2012

Kunst in HH (2011)

Kunst in Hamburg. 12 Spaziergänge. Junius Verlag Hamburg 2011. [H&J S. 171: Hauptkirche St. Jacobi]

Kusske (2013) Diss

Kusske, Dieter: Zwischen Kunst, Kult und Kollaboration. Der deutsche kirchennahe "Kunst-Dienst" 1928 bis 1945 im Kontext.- Diss. Phil. Universität Bremen, 2013

Lange (2000)

Lange, Ralf: 25 Jahre Planen und Bauen in der Demokratie. Hrg. Freie Akademie der Künste Hamburg/ Sektion Baukunst. Hamburg 2000. [2/1 Grindelhochhäuser. Architekten u.a. Rudolf Jäger. 9/1 oben rechts: H&J - St. Jacobi Kirche]

Lange (2008)

Lange, Ralf: Architektur in Hamburg - der große Architekturführer. Hamburg 2008. [H&J div. S.]

Langmaack (1934a) Baugilde

Langmaack, Gerhard: Gestaltungsgrundlagen neuer deuscher Baukunst.- in: Baugilde 16,10 (1934) S. 333-336

Langmaack (1934b) Baugilde

Langmaack, Gerhard: Unser Massenschicksal und der Weg der Baukunst. Eine kritische Untersuchung an dem Wettbewerb für eine Kongreß-, Sport- und Ausstellungshalle in Hamburg von Architekt Gerhard Langmaack, Hamburg.- in: Baugilde 16,15 (1934) S. 511-534

Langmaack (1934c) Baugilde

Langmaack, Gerhard: Der Wettbewerb „Stadthallenbau in Rostock".- in: Baugilde 16,21 (1934) S. 757-758 [S. 758 unterzeichnet: „Im Auftrag des Preisgerichts Architekt Gerhard Langmaack. Landesstellenleiter Norddeutschland der Reichskammer der bildenden Künste"]

Langmaack (1935) Baugilde

Langmaack, Gerhard: Was ist Heimat?.- in: Baugilde 17,2 (1935) S. 41-43

Langmaack (1936) Baugilde

Langmaack, Gerhard: Kirche für Altenlohm (Schlesien).- in: Baugilde 18,5 (1936) S. 113-117

Langmaack (1937) KuK

Langmaack, Gerhard: Die Gestalt der Kirche [Altenlohm].- in: Kunst und Kirche 14,1 (1937) S. 7-13 [Themenheft ‚Die neue Kirchen in Altenlohm in Schlesien']

Langmaack (1937) Baumeister

Langmaack, Gerhard: Zwei evangelisch-lutherische Kirchen in Norddeutschland.- in: Baumeister 12 (1937) S. 390-393

Langmaack (1937) Baugilde

Langmaack, Gerhard: Kirche für Altenlohm (Schlesien).- in: Die Baugilde 18 (1937) S. 113-117

Langmaack (1938) Baugilde

Langmaack, Gerhard: Baugestaltung im niederdeutschen Raum.- in: Baugilde 20,5 (1938) S. 127-128

Langmaack (1939) DeutBauz

Langmaack, Gerhard: Zwei ländliche Kirchen in Westfalen.- in: Deutsche Bauzeitung 73,10 (1939) S. K 78 – K 84

Langmaack (1939) Eckart

Langmaack, Gerhard: Die Dorfkirche.- in: Eckart 15 (1939) 308 [zu Altenlohm]

Langmaack (1940a) Baugilde

Langmaack, Gerhard: Kirche mit Gemeindesaal und Pastorat in Hamburg-Ochsenzoll.- in: Baugilde 22,7 (1940) S. 93-98

Langmaack (1940b) Baugilde

Langmaack, Gerhard: Friedhofskirche in Bunzlau (Schlesien).- in: Baugilde 22,25 (1940) S. 373-380

Langmaack (1949) SB

Langmaack, Gerhard (Bearbeitung): Die Lübecker Kirchenbautage 1949, Referate und Gespräche. Hrg. Kirchenleitung der Ev.-Luth. Kirche in Lübeck. [Architekt Bernhard Hopp S. 6,25,26,58,66,69. Architekt Dipl.-Ing. Rudolf Jäger S.69]

Langmaack (1949)

Langmaack, Gerhard: Kirchenbau Heute, Grundlagen zum Wiederaufbau und Neuschaffen. Hamburg 1949. [H&J S.112]

Langmaack (1955)

Langmaack, Gerhard: Arbeiten aus den Jahren 1923 – 1955.- o.J. [1955]

Langmaack (1971)

Langmaack, Gerhard: Evangelischer Kirchenbau im 19. Und 20. Jahrhundert.- Kassel 1971

Linck (2013ff)

Linck, Stephan: Neue Anfänge? Der Umgang der Evangelischen Kirche mit der NS-Vergangenheit und ihr Verhältnis zum Judentum. Bd 1. 1945-1965. Luth. Verlagsanstalt Kiel 2013; Bd. 2 1965-1985 Kiel 2016

Lindner (1930) Form

Lindner, Werner: Was ist Heimatschutz?.- in: Die Form Jg. 4 (1930) S. 697-700

Lindner (1930) LexBauk

Lindner, Werner: Artikel ‚Heimatschutz'.- in: Wasmuths Lexikon der Baukunst Bd. 3 (H bis Ozo), 1930, S. 81

Liesching (2002)

Liesching, Bernhard: ‚Eine neue Zeit beginnt' Einblicke in die Propstei Stormarn.- Kirchenkreis Altona 2002 [Arch. Rudolf Jäger: S. 59]

Linck (2013)

Linck, Stephan: Neue Anfänge? Der Umgang der Evangelischen Kirche mit der NS-Vergangenheit und ihr Verhältnis zum Judentum. Bd 1. 1945-1965. Luth. Verlagsanstalt Kiel 2013 (Bd. 2 1965-1985; Febr. 2016)

Lüth (1947)

Lüth, Erich: Neues Hamburg, Zeugnisse vom Wiederaufbau der Hansestadt. Hamburg 1947. [Arch. Bernhard Hopp, S.84: Hamburgs Baudenkmäler. Nach dem Stand von 1946]

Marg (1968)

Marg, Anke und Volkwin: Hamburg-Bauen seit 1900. Hamburg ca. 1968. [Arch. Rudolf Jäger: S. 68]

Meyerhöfer (2009)

Meyerhöfer, Dirk: Der Architekturführer Hamburg. Hamburg 2009. [H&J S. 207,224]

Michaelis (1967) Masch

Michaelis, Arnulf sen.: Chronik der Gesamt-Kirchengemeinde Hamburg-Bramfeld, 1907 – 1967 zusammengestellt von Pastor Arnulf Michaelis sen.; [<- (König, 1989) 27]

Müller (1969) Zeit

Müller, x: Die Weiße Rose von Hamburg.- in: Die Zeit Nr. 37 12.9.1969 S. 19 [aus dem Online-Archiv http://www.zeit.de/1969/37/die-weisse-rose-von-hamburg

Nahl (2005)

Nahl, Rudolf von: Die Kirchen auf dem Darß. Stadt Wettin-Löbejün OT Döβel (Saalekreis). [H&J S. 26-32]

Nordelbisches Kirchenarchiv (2007) KG Wellingsbüttel

Nordelbisches Kirchenarchiv: Archiv der Kirchengemeinde Wellingsbüttel Stormarn. (erarbeitet von Frederic Zangel; verantwortlicher Archivar: Michael Kirschke) Kiel 2007

Nicolaisen (1982)

Nicolaisen, Carsten (Hrg): Nordische und deutsche Kirchen im 20. Jahrhundert: Referate auf der internationalen Arbeitstagung in Sandberg/Dänemark 1981. V&R Göttingen 1982

Nowak (1982) SB

Nowak, Kurt: Kirche und Widerstand gegen den Nationalsozialismus 1933 – 1945 in Deutschland; in: Nicolaisen (1982) S. 228-270

Overlack (2007)

Overlack, Victoria: Zwischen nationalem Aufbruch und Nischenexistenz. Evangelisches Leben in Hamburg 1933-1945. Forum Zeitgeschichte Bd. 18, Dölling und Galitz Verlag, München / Hamburg 2007

Pantle (2003) Diss

Pantle, Ulrich: Leitbild Reduktion. Beiträge zum Kirchenbau in Deutschland von 1945 bis 1950.- Diss Universität Stuttgart 2003 (eDiss http://elib.uni-stuttgart.de/opus/frontdoor.php?source_opus=1465&la=de)

Papenbrock (2013)

Papenbrock, Martin (Hg.): Kunst und Kirche im Nationalsozialismus. (Kunst und Politik Band 015). Göttingen: Vandenhoeck & Ruprecht unipress 2013

Pehnt (1900)

Pehnt, Wolfgang: Deutsche Architektur seit 1900. [H&J S. 270]

Pergande (2010) FAZ

Pergande, Frank: Born-Bilderstürmerei auf der Halbinsel.- in: Frankfurter Allgemeine Zeitung, 17.6.2010 [Arch. Hopp (und Jäger)]

Petsch (1992) Thesis

Petsch, Joachim: Heimatschutzbewegung und Heimatschutzstil im Dritten Reich.- in: Thesis 38 Nr. 1/2 (1992) S.18-22 (ISSN: 0863-0712 Architektur und Stadtplanung im Faschismus.)

Pleß (2010)

Pleß, W.: Die Kirchen auf dem Darß. Jena 2010. [H&J S.16-20]

Pohlmann / Schreyer / Kettel (1969)

Pohlmann, Alfred; Schreyer, Alf; Kettel, Paul: Erlebte Alsterlandschaft. Die Alster von der Quelle bis Alsterdorf. Hamburg 1969. [H&J S.95,96, 105,108]

Prolingheuer (2001)

Prolingheuer, Hans: Hitlers fromme Bilderstürmer. Kirche und Kunst unterm Hakenkreuz. Dittrich Verlag, Köln 2001

Reese (1974)

Reese, Hans-Jörg: Bekenntnis und Bekennen. Vom 19. Jahrhundert zum Kirchenkampf der nationalsozialistischen Zeit.- AGK 28, Vandenhoeck & Ruprecht, Göttingen 1974

Reumann (1988) SB

Reumann, Klauspeter (Hrg.): Kirche und Nationalsozialismus. Beiträge zur Geschichte des Kirchenkampfes in der evangelischen Landeskirche Schleswig-Holsteins. Wachholtz Verlag Neumünster 1988

Reumann (1996=2003) SB

Reumann, Klauspeter: Halfmanns Schrift „Die Kirche und der Jude" von 1936.- in: Verein für Schleswig-Holsteinische Geschichte (Hrsg.): 100 Jahre Verein für Schleswig-Holsteinische Kirchengeschichte (Schriften des Vereins für Schleswig-Holsteinische Kirchengeschichte, Reihe II, Band 48), Neumünster 1996, S. 36 - 55 = in: Annette Göhres, Stephan Linck, Joachim Liß-Walther (Hrsg.): Als Jesus „arisch" wurde. Kirchen, Christen, Juden in Nordelbien 1933-1945. Die Ausstellung in Kiel, Bremen: Edition Temmen 2003, S. 147-161

Rietzler (1932) Form

Rietzler, W.: Der Kampf um die deutsche Kultur.- in: Die Form Jg. 6 (1932) S. 377-380

Quadejacob (2010) SB

Quadejacob, Lars: Hamburgs „Unter den Linden" ,Die Geschichte der Esplanade'.- in: Architektur in Hamburg hrsg. Hamburgische Architektenkammer, Hamburg 2010, [B. Hopp]

SAGA (2012)

SAGA-GWG: Verantwortung für Hamburg-90 Jahre SAGA-GWG. Hamburg 2012. [H&J S.46: Grindelhochhäuser]

Schade (2009)

Schade, Herwarth von: Hamburger Pastorinnen und Pastoren seit der Reformation. Ein Verzeichnis.- (Im Auftrag des Kirchenkreisvorstandes des Kirchenkreises Alt-Hamburg in der Nordelbischen Ev.-Luth. Kirche herausgegeben von Gerhard Paasch.) Edition Temmen. Hamburg 2009

Schendel (2013)

Schendel, Dominik: Architekturführer Hamburg. Berlin 2013. [H&J Nr. 012, S.90 St. Jacobi; Nr. 109,S. 135 St. Katharinen]

Schildt 2007()

Schildt, Axel: Die Grindelhochhäuser, Die Sozialgeschichte der ersten Deutschen Wohnhochhausanlage Hamburg-Grindelberg 1945-1956, Schriftenreihe des Hamburgischen Architekturarchivs. Hamburg 2007. [H&J S.40f; Rudolf Jäger 46,54]

Schiller (1961)

Schiller, Gertrud: Hamburgs neue Kirchen 1951-1961, Hrg. Ev.-Luth. Kirche im Hamburgischen Staate - Kirchlicher Kunstdienst. Christians Verlag Hamburg 1961. [H&J S. (12f), 17,38-41, 55, 70, 73, 78, 82, 88, 89]

Schneidereit / Schneidereit (2000)

Schneidereit, Barbara und Gerhardt: Die Kirchen auf dem Darß.Leipzig (ohne Datum ca. 2000). [H&J Kirche in Born S.10]

Schnell (1973)

Schnell, Hugo: Der Kirchenbau des 20. Jahrhunderts in Deutschland. Dokumentation Darstellung Deutung; (Schnell & Steiner) München / Zürich 1973

Schöfbeck (2003)

Schöfbeck, Tilo: Die Kirchen von Kenz, Bodstedt und Flemendorf; Regensburg : Schnell & Steiner, 2003

Schreyer (1981)

Schreyer, Alf: Kirche in Stormarn, Geschichte eines Kirchenkreises und seiner Gemeinden. Hamburg 1981. [H&J S. 127, 129,136,150 (und Gries), 151]

Schreyer (1987) SB

Schreyer, Alf: Vor fünfzig Jahren: Die Lutherkirche in Wellingsbüttel wurde erbaut. In: Ev.-Luth. Kirchengemeinde Wellingsbüttel: Festschrift 50 Jahre Lutherkirche Wellingsbüttel 1937-1987; S. 9-12 (= Stormarnspiegel 1987)

Schubert (2005)

Schubert, Dirk: Hamburger Wohnquartiere. Ein Stadtführer durch 65 Siedlungen. Hamburg 2005. [Bernhard Hopp: S.207 (Eimsbüttel); Rudolf Jäger: S.207,211 (Grindelhochhäuser)]

Schütz (2013) SB

Schütz, Chana: Kult und Form. Die religiöse Kunst der Gegenwart und das Berliner Jüdische Museum.- in: Schütz, Chana / Simon, Hermann (Hrg): Auf der Suche nach einer Sammlung. Das Berliner Jüdische Museum (1933 – 1938), Verlag Hentrich & Hentrich, Berlin 2013, S. 120-135

Schulz (2001)

Schulz, Friedrich: Artikel ‚Bernhard Hopp'.- in: Ahrenshoop : Künstlerlexikon. Verl. Atelier im Bauernhaus, Fischerhude 2001

Schumacher (1930) DBZ

Schumacher, Schumacher, Fritz: Kriegs-Gedenkmal in Hamburg.- in: DBZ 64,9 (1930) 65-72 (28. Juni 1930 Beilage W = Wettbewerbe) Online: (http://delibra.bg.polsl.pl/Content/-15019/P-391_1930_No9.pdf?handler=pdf).

Seeler / Seeler (1988)

Seeler, Siegfried / Seeler, Ingrid: Bramfeld, Hellbrook, Steilshoop - Vom Dorf zum Stadtteil - Heinevetter Hamburg 1988 - kt, 295 S [http://de.wikipedia.org/wiki/Ingrid_Seeler]

Sievers (1999) SB

Sievers, Kai Detlev: Völkische Märcheninterpretationen. Zu Joachim Kurd Niedlichs Märcheninterpretationen.- in: Schmitt, Christof (Hrsg): Homo narrans. Studien zur populären Erzählkultur, FS für Siegfried Neumann zum 65. Geburtstag, Waxmann-Verlag, Münster / New York / Berlin / München 1999, S. 91-110

Sievers (2007)

Sievers, Kai Detlev: "Kraftwiedergeburt des Volkes". Joachim Kurd Niedlich und der völkische Heimatschutz.- Würzburg 2007

Springer (2013)

Springer, Christian: Wilhelmsburg und Elbinseln. Junius Verlag 2013. [H&J S. 142]

Stählin (1938) KuK

Stählin, Wilhelm: Der Altar im gottesdienstlichen Handeln.- in: Kunst und Kirche 15,2 (1938) S. 7-10

Tilicki (2006) SB

Tilicki, Holger: Wie Pastor Rudolf Timm zu einem ‚Gerechten seines Volkes' geworden ist.- in: Rundbrief der Willi-Bredel-Gesellschaft-Geschichtswerkstatt e.V. Jg. 17 (2006) S. 23-26

Tillich (1930) Form

Tillich, Paul: Das Wohnen, der Raum und die Zeit. Rede, gehalten zur Einweihung des Hauses auf dem Küssel in Potsdam.- in: Die Form Jg. 4 (1930) S. 11-12

Tillich (1930) Form

Tillich, Paul: Kult und Form. Vortrag,gehalten bei der Eröffnung der Ausstellung des Kunst-Dienstes in Berlin am 10.November 1930.- in: Die Form Jg. 4 (1930) S. 578-583

Tillich (1931) KuK

Tillich, Paul: Kult und Form. Vortrag,gehalten bei der Eröffnung der Ausstellung des Kunst-Dienstes in Berlin am 10.November 1930.- in: Kunst und KIrche Jg. 8,1 (1931) S. 3-6

Tillich (1959ff)

Tillich, Paul: Gesammelte Werke. 14 Bde. und 6 Ergänzungs- und Nachlaßbände. Hrsg. von Renate Albrecht. Stuttgart 1959-1983

Timm (1938) GemBlatt

Timm, Rudolf: Die Maria-Magdalenen-Kirche. Grundsteinlegung einer neuen Kirche in Klein Borstel.- in: Hamburgisches Gemeindeblatt 7. Jg. Gemeindeblatt für Winterhude, Alsterdorf, Ohlsdorf (ohne Seitenzahlen) vom 13. Februar 1938

Timm (2004)

Timm, Klaus: ... an der Stelle von einem DENK-MAL in Kl. Borstel – für die Nazi-Opfer Verfolgung + Widerstand. (Band X der Reihe „Geschichten aus Kl. Borstel") Hangö – Sommer 2004 – Hamburg (Selbstverlag)

Timm (2005) JAV

Timm, Klaus: 75 Jahre „Gottesdienstlicher Raum" Klein Borstel.- in: JAV (2005) S.95-97

Timm (2005) Masch

Timm, Klaus: Pastor Rudolf Timm und die Kirchengemeinde zu Klein-Borstel. Geschichten aus Klein-Borstel Bd. 5, Handschriftliche Vervielfältigung - Selbstverlag; Hamburg 2005

Vossen (1991)

Vossen, Rüdiger: Freundbilder, Feindbilder : Portraits sowjetischer Kriegsgefangener (1942 - 44) gezeichnet von Hermann Junker, [Wegweiser zur Völkerkunde Bd. 39]; Christians Hamburg 1991

Wagner (1968)

Wagner, Rudi H.: Kult und Form: (Kunstdienst '28 – '68.) Versuch einer Gegenüberstellung, Berlin: Kunst-Dienst der Evangelischen Kirche, 1968

Wendland (1933) KuK

Wendland, Winfried: Die Kirche des Dritten Reiches und die Kunst.- in: Kunst und Kirche 10. Jg. (1933) S. 39-40

Wendland (1940)

Wendland, Winfried: Die Kunst der Kirche.- Wichern-Verlag Herbert Renner, Berlin 1940
(2. neu bearbeitete Aufl. 1953; Lutherisches Verlagshaus, Berlin)

Werner (1952)

Werner, Bruno E.: Neues Bauen in Deutschland.München 1952. [H&J S. 77 u.ö.]

Wiek (1979) ZVHG

Wiek, Peter: St. Marien-Magdalenen, St. Johannis und St. Gertruden – drei
untergegangene Hamburger Kirchen in neuer kunstgeschichtlicher Bewertung.- in: ZVHG
(1979) S. 83-121

Wilhelmi (1939) BarmBote

Wilhelmi, Heinrich: Neue Kirchen in Hamburgs Umgebung: 1. Maria-Magdalenen in Klein-
Borstel; in: Barmbeker Bote Jg. 30 Nr. 25 (1939) (18. Juni 1939) S. 193-194

Wille (1988)

Wille, Hans: Ernst Barlachs Entwürfe für den Taufstein der Johanneskirche in Hamm,
Hamm 1988

Wolf (2012)

Wolf, Rike: 111 Orte in Hamburg, die man gesehen haben muss. Goch 2012.- [H&J Nr.
65, S.138. Lutherkirche in Hamburg-Wellingsbüttel]

Zimmermann (2014)

Zimmermann, Jan: Walter Lüden, Hamburg, Fotografien 1947-1965.- Junius Verlag,
Hamburg 2014

Zwanck (1972)

Zwanck, Henry: 50 Jahre SAGA.- Hamburg 1972. [Rudolf Jäger: Abb.33-38, 55-56]

3.5   HuJ-Teilprojekt-Arbeiten

3.5.1   Auf das HuJ-Projekt bezogene Publikationen

Karl-Heinz Hoffmann: Portrait zu Rudolf Jäger [bereits 2013 erschienen unter http://www.architekturarchiv-web.de/portraets/h-k/jaeger/index.html]

Uwe Gleßmer / Alfred Lampe: Kirchgebäude in den Alsterdorfer Anstalten: Die Umgestaltungen der St. Nicolauskirche, Friedrich K. Lensch (1898-1976) und Deutungen des Altar-Wandbildes.- Books on Demand, Norderstedt 2016 [ISBN: 978-3-739212982; zweite, korrigierte und erweiterte Auflage]

Emmerich Jäger: Das Haus des Architekten Rudolf Jäger [liegt in privater Vervielfältigung 2015 vor] und bildet die Grundlage für die folgende Veröffentlichung:

Gert Kähler und Hans Bunge (Hrg): Der Architekt als Bauherr. Hamburger Baumeister und ihr Wohnhaus.- [Schriftenreihe des Hamburgischen Architekturarchivs Bd. 34], Dölling und Galitz Hamburg 2016, [S. 262-263 zum Wohnhaus von Rudolf Jäger; zu Rudolf Jäger im Zusammenhang mit den Grindelhochhäusern siehe S. 187 und 239]

Uwe Gleßmer / Emmerich Jäger: Zur Entstehungsgeschichte der Gemeinde in Klein Borstel und der Kirche Maria-Magdalenen als Bau- und Kunstwerk der Architekten Hopp und Jäger mit dem Maler Hermann Junker.- Books on Demand, Norderstedt 2016 [ISBN: 978-3-739244167; dritte, um einige Details ergänzte Auflage]

3.5.2   Begonnene Teilprojekte

Uwe Gleßmer / Günther Engler: Die Lutherkirche in Hamburg-Wellingsbüttel als Bau- und Kunstwerk der Architekten Bernhard Hopp und Rudolf Jäger.- Books on Demand, Norderstedt 2016 [ISBN: 978-3-…. im Druck]

Uwe Gleßmer / Manuel Hopp: Zur Biografie des Kirchenarchitekten Bernhard Hopp.- Books on Demand, Norderstedt 2016 [ISBN: 978-3-…. in Vorbereitung]

Emmerich Jäger: Erinnerungen an das Architekturbüro Hopp, Jäger, Gries, Dr. Brunzema 1935-1985 [in Vorbereitung]

Jan Lubitz: Über die Architekten Hopp und Jäger im Architekturjahrbuch für Hamburg [geplant 2017]

Jochen Schröder: Teile des Frühwerks: Fischerkirche/Born, St. Jürgen/List, St. Petri/ Mulsum bei Stade [in Vorbereitung]

3.5.3   Geplante Teilprojekte

Fotosammlung zu einzelnen Kirchen und kirchlichen Bauprojekten (ausgewählt auf der Basis der Bestände Otto Rheinländer und Walter Lüden sowie Auflistung nicht abgebildeter ORh-Fotos)

- o   U. Gleßmer: Vorkriegsbauten;
- o   E. Jäger: Nachkriegsbauten

Biographische Datenlisten zu Bernhard Hopp und Rudolf Jäger (3 Spalten: privat, öffentlich, Quellen). Z.Zt. in Vorbereitung: U. Gleßmer, E. Jäger

E. Jäger: Bernhard Hopp und Rudolf Jäger als Zeichner und Maler (in Arbeit)

E. Jäger: Die Architekten Hopp+Jäger und die Moderne (eventuell mit Jan Lubitz ?)

Weitere Teilthemen (ggf. auch mit Mitgliedern der Familien Hopp / Jäger oder mit anderen Interessierten)

Hopp+Jäger und ihre Künstler

Kleinkirchen- eine Initiative von 1940 -1942 (?). Auswertung der Unterlagen vom Ev. Zentralarchiv in Berlin

Die Initiative zur Rettung von kirchlichen Kunstwerken von 1943-1945

Bernhard Hopp als kommissarischer Leiter des Denkmalschutzamtes in Hamburg von 1946-1950

Hopp+Jäger und die Grindelhochhäuser (?)

Das Netzwerk der Architekten Hopp+Jäger (?)

Der Wiederaufbau der beiden Hamburger Hauptkirchen St. Katharinen und St. Jacobi nach dem II. Weltkrieg stellt einen Höhepunkt im Werk der Architekten Hopp und Jäger dar. Hierzu liegt umfangreiches dokumentarisches Material in Form von Zeichnungen, Schriftverkehr und Fotos vor. Wegen der kunstgeschichtlichen und Stadtbild prägenden Bedeutung der beiden Hamburger Hauptkirchen für die Hansestadt Hamburg insgesamt ist hierzu eine gesonderte und vertiefte Bearbeitung angemessen und dringend erforderlich.[11]

3.5.4 Offene Punkte der dokumentarischen Erschließung

Weitere Elemente, zu denen Quellen weiter erschlossen werden sollten, können bisher nur aufgelistet werden:

In der Fotozusammenstellung von Jäger (1971) Masch für Edite Hopp sind Fotos der Fotografen Nehlsen und Fendler eingefügt.[12]

4 Werkliste als tabellarische Übersicht

Die Aufstellung einer Werkliste stellt vor mehrere Entscheidungen: Was genau soll alles aufgenommen und was ggf. ausgelassen werden? Nach welchem Kriterium soll die Liste geordnet sein? Welche Zusatz-Informationen sprengen möglicherweise eine Übersicht?

---

[11] U.a. im LKAK unter Signatur 32.14.03 die Nummern 157-172 mit Fotobänden. Sie tragen den Vermerk: „22.10.1973 über Herrn Steinfath (Bauabteilung, LKA) von der Firma Hopp und Jäger als Geschenk erhalten LKAH". Herr Steinfath war in früheren Jahren langjähriger Mitarbeiter der Firma H&J. Enthalten sind Hunderte von Fotos über die verschiedensten Bau- und Zerstörungsstadien, Inneneinrichtungen und z.T. Personen bei feierlichen Akten oder Handwerker bei der Arbeit. Die Herkunft ist teils durch die Bildnummern und Namen der Fotografen (Otto Rheinländer, Walter Lüden, H. v. Seggern, Karin Koch, Hugo Schmidt, Hans Breuer, Thea Warneke, z.T. Denkmalamt) bezeichnet, teils sind großformatige Fotos auch ohne solche Hinweise enthalten.
[12] U.a. S. 94.

4.1   Quellen zur Werkliste

Im Internet existieren bereits Listen: in einem Fall ist eine Liste B. Hopp zugeordnet,[13] für R. Jäger finden sich zwei weitere.[14] Eine Büroliste, die der Architekten-Kompagnon Johannes Gries nach dem Tode von R. Jäger an dessen Witwe Mechthild Jäger mit Datum vom 2.10.1979 als Anlage gesandt hat,[15] war zwar nicht ganz vollständig, bildet jedoch eine zentrale und wichtige Grundlage. Dazu kommen erstens noch Ergänzungen, die von Emmerich Jäger 2013 nachgetragen wurden,[16] sowie solche, die sich im Laufe des Projektes ergeben haben.

Zudem sind Korrekturen an manchen Stellen notwendig:

Bezeichnung des Kirchbaus	Jahr d. Einw.	Bundes-land	Stadt/-teil	Quelle
Dreifaltigkeitskirche Siehe: Johanneskirche (1938)	1936	NRW	Hamm	G/B
Methodistenkirche ?				G/B
evtl. Eben-Ezer-Kirche? (1954)	1951	HH	Eimsbüttel	
Sieben-Tage-Adventisten Kapelle ?				G/B
siehe: Advent-Haus	1952	HH	Eimsbüttel	
Christus Kirche	1956-			G/B
Siehe: Christophoruskirche	1957	HH	Hummelsbüttel	

Eigentlich bietet sich für eine Tabelle als Medium heutzutage eine Datenbank an, bei der je nach Benutzerbedürfnissen die Art der Informationsauswahl und – sortierung nach unterschiedlichen Kriterien möglich ist. Einen ersten einfachen Weg in diese Richtung haben wir bisher auf der Webseite gewählt, wo entweder chronologisch nach dem Jahr der Kirchweihe (bzw. Einweihung der Renovierung) oder aber alphabetisch nach dem Namen des Kirchgebäudes ausgewählt werden kann. Daran zeigen sich aber schon die weiteren Probleme, weil Kirchennamen oft nicht eindeutig sind – wie etwa im Falle der mehrfachen Bezeichnung als ‚Christuskirche' deutlich ist. Manche Kirchen sind zur Zeit ihrer Einweihung auch nur nach dem Ort benannt worden – etwa die Bramfelder Kirche (die später Osterkirche genannt wurde) oder deren Ortszugehörigkeit gewechselt hat wie etwa die ehemals zu Alt-Rahlstedt gehörende Berner Kapelle (heute, 2016, als Friedenskirche zur KG Farmsen-Berne gehörig).

Für das Werkverzeichnis ist es jedoch auch wünschenswert, Bauwerke aufzu-nehmen, die nicht im engeren Sinne Kirchgebäude sind, aber kirchlichen Institutionen zugehören wie etwa Andachtsräume und Kapellen in von H&J

---

[13] Wikipedia: https://de.wikipedia.org/wiki/Bernhard_Hopp
[14] Wikipedia: https://de.wikipedia.org/wiki/Rudolf_J%C3%A4ger_%28Architekt%29 und http://www.architekturarchiv-web.de/portraets/h-k/jaeger/index.html
[15] Im R.Jäger-Bestand des HAA unter A006/001 (Gries_1979_Werkliste_HuJ.pdf).
[16] Datei „Hopp+Jäger Nachlaß ergänz. Werkverzeichnis 25.6.13.doc" vom 25.06.2013.

entworfenen Krankenhäusern. Soll nach solchen und anderen Kategorien gesucht oder gefiltert werden können, bietet es sich an, dafür Kürzel festzulegen:
In der Spalte Q (=Quelle) sind folgende Kürzel eingetragen:
  G Gestaltung eines Kirchgebäudes nach Gries / Brunzema (1979)
  J Ergänzungsliste Emmerich Jäger
  N Neueintrag aus anderen Quellen
In der Spalte A (=Art):
  K Kirch- oder Kapellen-Bau
  T teilweise (Innenraum-)Gestaltung / Renovierung
  U Umbau mit bedeutender Innenraum-Neugestaltung

4.2 Tabelle zur Werkliste

Bezeichnung des Kirchbaus	Jahr d. Einw.	Bundes- land	Stadt/ -teil	Q	A	Nr
Kirchsaal Christus über den Wogen	1932	HH	Groß Borstel	N	T	1
St.Ewalds-Kirche	1934	MV	Bodstedt	N	T	2
Friedhofskapelle Düneberg	1934	SH	Geesthacht-Düneberg	N	K	50
Fischerkirche	1935	MV	Darß/Born	G	K	3
List	1936	SH	List/Sylt	G	K	4
Mulsum	1936	NI	Landkreis Stade	G	T	5
Sittensen	1936	NI	Landkreis Stade	G	K	6
Elsdorf	1936	NI	Bremervörde-Zeven	G	K	7
Lutherkirche	1937	HH	Wellingsbüttel	G	K	8
Ahlerstedt	1937	NI	Ahlerstedt	N	T	35
Balje	1938	NI	Kirchenkreis Stade	G	K	9
St.Lukaskirche	1938	HH	Fuhlsbüttel	G	U	10
Maria-Magdalenen-Kirche	1938	HH	Klein Borstel	G	K	11
Johannes-Kirche Bei Gries: ? Dreifaltigkeitskirche (1936)	1938	NW	Hamm	J	K	12
St.Nicolaus	1938	HH	Alsterdorf	G	U	13
Friedenskirche	1939	HH	(Rahlstedt/Farmsen-) Berne	N G	K U	14
Osterkirche	1946	HH	Bramfeld	N	T	15
Christianskirche	1950	HH	Altona	G	T	16
Pötrau	1950	SH	Büchen	G	U	17
Johann-Gerhard-Oncken-Kirche	1951	HH	Eimsbüttel / Grindelallee 101	G	K	19
Sieben-Tags-Adventisten = Advent-Haus	1951	HH	Eimsbüttel / Grindelberg 15a	G	K	70
Julius-Köbner-Kapelle	1951	HH	Hamm	N	K	109

Bezeichnung des Kirchbaus	Jahr d. Einw.	Bundes- land	Stadt/ -teil	Q	A	Nr
Christophorus-Kirche	1953	HH	Hummelsbüttel	G	K	21
Lamstedt	1953	NI	Kr Hadeln	G	K	22
Methodistenkirche	1954	HH	Eimsbüttel	G	U	18
Eben-Ezer-Kirche Christus-Kirche	1954	HH	Wandsbek	G	U	23
Auferstehungskirche	1954	HH	Lurup	G	K	24
Emmauskirche	1954	HH	Wilhelmsburg	G	U	25
Flüchtlings-Kirchenbaracke	1955	SH	Wentorf	G	K	26
Mutterhaus u. Kapelle	1955	NW	Münster	G	K	72
Philippuskirche	1956	HH	Horn	N	K	27
Stephanuskirche	1956	HH	Eimsbüttel	N	U	28
Adventskirche	1956	HH	Schnelsen	N	K	29
Bethel Kirchraum u Sarepta	1956	NW	Bielefeld	G	K	71
St.Katharinen-Kirche	1957	HH	Altstadt	G	T	30
Matthäuskirche	1958	NW	Münster	G	T	32
Christuskirche (Garnisonkirche)	1958	SH	Flensburg Mürwik	G	K	33
Jacobi-Kirche	1958	NW	Rheine	G	K	34
Bargstedt (Turm)	1958	NI	Bargstedt	G	T	36
St. Marien	1960	HH	Ohlsdorf	G	K	37
Auferstehungskirche	1960	HH	Schmalenbeck	G	K	38
Johanneskirche	1960	NI	Stade	G	K	39
Marienkirche	1960	SH	Flensburg	G	K	40
Nicolaikirche	1960	SH	Flensburg	G	K	41
St.Jacobi-Kirche	1962	HH	Altstadt	G	T	42
Paulus-Kirche	1962	NW	Hamm	G	T	43
Pauluskirche	1962	HH	Eidelstedt	G	K	44
Osterkirche im Jacobi-Park	1962	HH	Eilbek	G	T	45
Johanneskapelle	1962	HH	Rothenburgsort		K	46
Groß Flottbeker Krche	1962	HH	Gr.Flottbek	G	T	54
Kirche	1962	NI	Fredenbek	G	K	47
Nikolai	1962	NW	Bielefeld		T	48
Christuskirche	1962	HH	Eidelstedt	G	K	51
St.Markus	1963	NW	Osnabrück	G	K	52
St.Johannes	1964	SH	Adelby/Flensburg	G	K	53

Bezeichnung des Kirchbaus	Jahr d. Einw.	Bundes- land	Stadt/ -teil	Q	A	Nr
Innien	1965	SH	Innien/Rendsburg	G	K	29
Büchen	1965	SH	Büchen	G	T	55
Albersdorf	1965	SH	Albersdorf/Heide	G	T	57
Moorfleet	1965	HH	Moorfleet	G	T	58
St.Michaels-Kirche	1966	NI	Rotenburg / a.d.Wümme	G	K	60
Thomas-Kirche	1966	HH	Bramfeld/Hellbrook	G	K	61
Harsefeld	1966	NI	Harsefeld/Buxtehude	G	K	62
Paul Gerhard-Kirche	1967	NW	Rheine	G	K	63
St.Petri	1967	NI	Buxtehude (u. Hannover?)	G	K	64
Wallsbüll	1968	SH	Wallsbüll/Flensburg	G	K	65
Handewitt	1968	SH	Handewitt/Flensburg	G		66
Eggebek	1970	SH	Eggebek/Flensburg	G	K	69
Niendorf	1957- 1963	HH	Niendorf	G	U	77
Friedhofskapelle	19xx	HH	unklar Bahrenfeld ?	N	K	85
Baptisten Hamm	19xx	NW	Hamm	N	K	99

4.3 Materialien zu einzelnen Elementen der Werkliste

Die ersten Gestaltungen von Kirchbauten beziehen sich auf einzelne Elemente, die vor allem in grafisch-künstlerischer Gestaltung durch B. Hopp bestanden. In einer Liste, die R. Jäger am 27.11.1934 in einem Werbeschreiben an Pastor Siegfried Seeler angeführt hat und die erstmals den gemeinsamen Stempel beider Architekten zeigt, begegnen jedoch auch bis dahin beauftragte bzw. durchgeführte Baumaßnahmen:[17]

> „Erneuerung der Friedhofskapelle in Altona-Bahrenfeld
>
> Erneuerung der Turmkapelle in der St. Nicolaikirche Hamburg
>
> Erneuerung der Kirche in Mulsum, Kr. Stade
>
> Erneuerung der Kirche in Bodstedt in Pommern
>
> Neubau der Kirche in Born/Dars[s] Pommern
>
> Neubau der Friedhofskapelle in Düneberg/Elbe b. Geesthacht
>
> z.Z. beauftragt mit dem Neubau der Kirche in List a/Sylt"

Diese Baumaßnahmen sind nur z.T. in den sonst dokumentierenden Werklisten aufgeführt, ähnlich wie einige weitere Ausgestaltungen, die sich nur durch Hinweise auf die Namen der Architekten in verschiedenen Dokumenten auffinden ließen. Insofern mag es sein, dass künftig noch weitere Baumaßnahmen zu ergänzen sein werden.

Wenn zu dem entsprechenden Bauwerk Fotos aus den Sammlungen im Hamburgischen Architekturarchiv verfügbar sind, so werden sie mit der Inhaltsbeschreibung nur mit dem variierenden Bestandteil der Archiv-Signatur aufgeführt. Dieser Teil wäre jeweils durch die entsprechend vorangestellten Zeichenfolgen „HAA_ORh_" oder „HAA_Jäger_Lüden_" zu ergänzen, die aus Platz- und Redundanzgründen jedoch in den Tabellen ausgelassen sind.

4.3.1 Kirchsaal ‚Christus über den Wogen' (1932, HH Groß-Borstel)

Festschrift zum 50 S. 5

ST.PETER Kirchengemeinde Groß Borstel Evangelische Gemeinderegion ALSTERBUND SONDERAUSGABE ZUM 10. MAI 2009

(http://st.peter-grossborstel.de/wp-content/uploads/50JahreNet.pdf 22.2.2016)

Zur Vorgeschichte von St. Peter (Architekt Otto Andersen).und zum Vorgängergebäude (Fritz Höger), dem Kirchsaal ‚Christus über den Wogen', das nach dem Altarbild von B. Hopp benannt wurde. Von ihm wohl auch das Siegel und Emblem der Gemeinde bis in die Nachkriegszeit. (WP_20160214_013)

---

[17] KG_Osterkirche_Nr_359.pdf S. 17. – Daneben findet sich aus der Frühzeit eine H&J-Balkenmarkierung in der Kirche Innien / Wettwerden a.d. Weser.

Wettbewerb
WP_20160214_008.jpg

A006/ 132-133	5. Akte	Kirche in Groß Borstel, Modell Vorplanung, Modell Wettbewerb, Foto: Lüden

4.3.2 Friedhofskapelle (1933? Altona-Bahrenfeld)

4.3.3 Friedhofskapelle (1934 SH Düneberg/Elbe)

Siehe dazu den Beitrag mit Bild: Hopp (1934) DünebZ.

4.3.4 St. Nicolai (1934 HH-Altstadt)

Turmkapelle

4.3.5 St.Ewalds-Kirche (1934 MV Bodstedt)

Restaurierung und Ausmalung durch B.Hopp
Kirche_Fuhlendorf_3_Bodstedt.jpg
120px-Bodstedt_(Fuhlendorf),_the_church_St._Ewalds.jpg

4.3.6 Seemannskirche (1934 MV Prerow)

Siehe auch 1934 die Kirche in Prerow:
Heft „Beiträge zur Geschichte des Darßes und der Zingstes" (Juni 1934) von Gustav Berg und dort aus dem Abschnitt über die Kirche in Prerow (mit Tonnendecke) S. 40 (in Archiv_KG_Osterkirche_Nr_357)

Die Instandsetzungsarbeiten am Altar wie die Ausmalung der Kirche leitete ein auserlesener Künstler, der Architekt Hopp in Born. Alle Arbeiten führten einheimische Handwerker aus. Die Kosten — 1800 Mark — wurden durch Sammlungen und Stiftungen aufgebracht, da bei der Schuldenlast der Gemeinde andere Mittel nicht zur Verfügung standen. Dieses Erneuerungswerk, von verständnisvoller Liebe angeregt und zu Ende geführt, ist ein würdiges Zeichen des Aufbauwillens unserer Zeit.

4.3.7 Fischerkirche (1935 MV Darß/Born)

A005/ 003/ 04	6. Akte	ZA FAZ 17.6.2010 Streifzüge. Born. Bilderstürmerei auf der Halbinsel (Fischerkirche in Born)
A005/ 003/ 05	6. Akte	Broschüre u.a. "Die Kirchen auf dem Darß" (Fischerkirche in Born)
A005/ 003/ 33	6. Akte	Postkarten, Fischerkirche in Born, außen, innen
A005/ 003/ 34	6. Akte	Broschüre, Die Kirchen auf dem Darß, o.D.
A005/ 003/ 36	6. Akte	Broschüre Die Kirchen auf dem Darß, darin: Die Borner Kirche
A006/ 010-013	5. Akte	Kirche in Born auf dem Darß, 1935, 3 Fotos auf Karton, Repros

Fotos HAA_ORh_*

008.13_(0233)	Altar
009.062-1_(0313)	
014.1_(0369)	zur Kanzel
014.2_(0370)	Figuren an der Seite
062.62-1_(1067)	

4.3.8 List (1936 SH List/Sylt)

A006/ 014	5. Akte	St. Jügen-Kapelle List / Sylt, Foto auf Karton, Foto: Rheinländer
A006/ 015-017	5. Akte	St. Jügen-Kapelle List / Sylt, Planrepros, April 1935
M004	7. Zeichenrollen	- Kirche in List/ Sylt, einzelne Ausführungszeichnungen und Details, Transparente, 1935 (R. Jäger)

Fotos HAA_ORh_*   063.5_(1086)

4.3.9 Mulsum (1936 NI Landkreis Stade)

A006/ 019-022	5. Akte	Umbau der St. Petri Kirche in Mulsum / Stade, 1935, Fotos auf Karton, Planrepro Altar, Bildhauerarbeiten: Bernhard Hopp
M008	13 Zeichnungen	Kirche in Mulsum, Grundrisse, Ansichten, Details 1958-1961

4.3.10 Sittensen (1936 NI Landkreis Stade)

M006	13 Zeichnungen	Kirche in Sittensen, Grundrisse, Details, Altaransicht, Gestühl, 1936

4.3.11 Elsdorf (1936 NI Bremervörde-Zeven)

M005	13 Zeichnungen	Erneuerung und Wiederaufbau der Kirche in Elsdorf 1936 / 1947

4.3.12 Lutherkirche (1937 HH Wellingsbüttel)

A006/ 027	5. Akte	Kirche in Wellingsbüttel 1938, Kreuz, Messgeschirr, Innenaufnahme, Fotos auf Karton, Foto: Rheinländer

Fotos HAA_ORh_*

063.5_(1086)	List
009.50-3_(0316)	Sakristeiaufgang /Donnerbesen
009.51-3_(0314)	Altarkreuz
009.51-4_(0315)	Abendmahlsgeschirr
009.62-898_(0317)	Frontal
050.1_(0403)	Kirche 1937f von Westen
050.10_(0412)	Blick ins Kirchenschiff
050.11_(0413)	Blick aus vorderer Seitentür nach hinten
050.12_(0414)	Lutherbild
050.2_(0404)	Turm frontal
050.3_(0405)	Sakristeitür und Fachwerk
050.4_(0406)	Turm und Fachwerk
050.5_(0407)	Kirchentüren
050.6_(0408)	Innen
050.7_(0409)	Vorraum

050.8_(0410)	Altarraum
050.9_(0411)	Kanzel
051.1_(0415)	Opferstock im Vorraum
051.2_(0416)	Treppenaufgang zur Empore
051.3_(0417)	Altarkreuz
051.4_(0418)	Altargeschirr (Taufbecken, Kanne)
051.59-591_(0422)	4 neue Glocken von der Seite
051.59-592_(0423)	4 neue Glocken von vorn
051.59-593_(0424)	Glocke
051.59-594_(0425)	Glockenaufschrift
051.59-oN_(0426)	Negative außen
051.62-898_(0419)	Orgelempore neu
051.63-386_(0420)	Kirchenraum zum Altar
051.63-388_(0421)	Orgelempore neu

4.3.13 Ahlerstedt (1937 NI Ahlerstedt)

M007	13 Zeichnungen	Kirche in Ahlerstedt, Beleuchtungskörper, 1937

4.3.14 Balje (1938 NI Kirchenkreis Stade)

A006/ 029	5. Akte	Kirche in Balje / Stade 1937, Postkarte

4.3.15 St.Lukaskirche (1938 HH Fuhlsbüttel)

A006/ 007	5. Akte	Programm Trauerfeier für Bernhard Hopp am 24.09.1962 in der Lukaskirche in Fuhlsbüttel (Druck)
A006/ 030	5. Akte	Lukaskirche in Hamburg-Fuhlsbüttel, 1938, Fotos auf Karton, Foto: Rheinländer

Fotos HAA_ORh_*

008.10_(0230)	Kanzel Empore Seiteninschriften
008.11_(0231)	Kanzel Empore Seiteninschriften
008.17_(0237)	Seitenschiff
008.18_(0238)	Lesepult
008.5_(0227)	frontal Winter
008.6_(0225)	v Seite
008.7_(0226)	frontal

008.oN_(0275)	Christusfigur Schrift Et iterum venturus est
019.1_(0438)	frontal defekt
019.1_(0439)	frontal
019.10_(0448)	innen frontal von Empore
019.11_(0449)	zur Empore mit Orgel und Taufbecken
019.12_(0450)	Kanzel Lesepult
019.13_(0451)	aus Seitenschiff: Taufe und Altar
019.2_(0440)	frontal Winter
019.3_(0441)	frontal Winter
019.4_(0442)	Seitenansicht im Winter

019.5_(0443)	Vorn und Seite
019.6_(0444)	von der Seite
019.7_(0445)	von der Seite
019.8_(0446)	innen frontal von Vorhalle
019.9_(0447)	innen frontal
020.1_(0452)	Altar und Lesepult
020.10_(0461)	Vorraum mit Fenster und Leuchter
020.11_(0462)	Wandleuchter mit Reflektoren
020.12_(0463)	Wandleuchter
020.13_(0464)	Vorraum mit Eingang zum Kirchraum und Treppe zur Empore
020.14_(0465)	Vorraum
020.2_(0453)	Altar
020.3_(0454)	Taufe
020.4_(0455)	Orgel
020.5_(0456)	Sakristei und Altarraum
020.6_(0457)	Seitenschiff mit Weltenrichter
020.7_(0458)	Seitenschiff nach hinten
020.8_(0459)	(Seitenschiff mit) Weltenrichter
020.9_(0460)	Vorraum
025.1_(0507)	zum Altarraum

025.10_(0517)	Altarraum
025.11_(0518)	Altarraum
025.12_(0519)	Empore ohne Orgel
025.13_(0520)	Kanzel mit Seitenschiff
025.2_(0508)	zum Altarraum
025.3_(0509)	zum Altarraum / Leuchter
025.4_(0510)	Leuchter
025.5_(0511)	Seitenbänke und Schrift
025.56-44_(0521)	mit Turm
025.56-45_(0522)	mit Turm
025.57-365_(0523)	Altarraum
025.57-366_(0524)	Altarraum
025.57-367_(0525)	Empore mit Orgel
025.57-368_(0512)	Kanzel
025.6_(0513)	bearbeitete Glasplatte
025.7_(0514)	bearbeitete Glasplatte
025.8_(0515)	Altarraum
025.9_(0516)	Altarraum

4.3.16 Maria-Magdalenen-Kirche (1938 HH Klein Borstel)

D06- D061	Diasammlung RJ	Kirche Klein Borstel

Fotos HAA_ORh_*

008.25_(0245)	Treppe im Turm zw. 1. u. 2. Stock
009.28-10_(0323)	zentral v. Empore
009.28-11_(0322)	Altarraum
009.28-11b_(0325)	Altarraum
009.28-15_(0324)	Empore
009.28-8_(0326)	Vorraum zum Altar
009.57-211_(0329)	Gemeindehaus ?
009.57-221_(0330)	Gemeindehaus ?
024.57-211_(0500)	Haus der offenen Tür
024.57-212_(0501)	Saal
024.57-213_(0502)	Bibliothek
024.57-214_(0503)	Treppenhaus
024.57-219_(0504)	Außen mit großen Fenstern
024.57-220_(0505)	Außen mit großen Fenstern
024.57-221_(0506)	Außen mit großen Fenstern
028.1_(0559)	Turm
028.10_(0568)	zum Altarraum von der Empore
028.11_(0569)	Altarraum
028.12_(0570)	Altar
028.13_(0571)	Kanzel
028.14_(0572)	Kanzel mit Details (ohne Bemalung)
028.2_(0560)	Turm
028.3_(0561)	Eingangstür

028.4_(0562)	Fenster
028.5_(0563)	Abseitentür
028.6_(0564)	Außen von Süd-Westen
028.7_(0565)	Von der StraßeStübeheide nach Süden
028.8_(0566)	Vorm Vorraum
028.9_(0567)	zum Altarraum
029.1_(0573)	Kronleuchter
029.10_(0583)	Pastorat von hinten
029.10_(0584)	Pastorat von der Straße
029.11_(0582)	Pastorat von der Seite
029.12_(0581)	neue Sakristeitür von außen
029.2_(0574)	Seitenempore mit 5 Gemälden
029.3_(0575)	Deckenmalereien im oberen Turmzimmer
029.4_(0576)	Konfirmandenraum im Turm
029.5_(0577)	Vorraum
029.6_(0578)	Tür auf der Empore zum Treppenhaus
029.7_(0579)	Treppe zwischen 1. u. 2. Stock
029.8_(0580)	Treppenaufgang vom Erdgeschoss

4.3.17 Johannes-Kirche (1938 NW Hamm)

A006/ 066-068	5. Akte	Johanneskirche Hamm / Westfalen, 1958, außen, innen, Messgeschirr u.a. Foto: teilw. Rheinländer

Fotos HAA_ORh_*

009.23-1_(0303)	
009.23-10_(0307)	frontal
009.23-11_(0306)	Seitenempore
009.23-13_(0305)	Krypta 1938
009.23-6_(0308)	Altarraum m. Fenster
009.23-oN_(0304)	Seitenempore
022.1_(0473)	Kinderheim Außentür
022.2_(0474)	Kinderheim Eingangshalle
022.3_(0475)	Kinderheim Gruppenraum
022.4_(0476)	Kinderheim Gruppenraum
022.5_(0477)	Kinderheim Waschraum
022.6_(0478)	Kinderheim Treppengeländer
022.7_(0479)	Kinderheim Vorraum im Dach
022.8_(0480)	Kinderheim Büro mit Schreibtisch
023.1_(0481)	auf freiem Gelände
023.10_(0490)	zur Empore aus Altarraum erhöht

023.11_(0491)	Seitenschiff
023.12_(0492)	Sakristeitür
023.13_(0493)	Krypta
023.14_(0494)	Krypta - Altar
023.15_(0495)	Abendmahlsgeschirr
023.16_(0496)	Nebenaltar mit segnendem Christus
023.2_(0482)	Vorraum mit Gründungstext
023.3_(0483)	Vorraum
023.4_(0484)	innen zur Empore
023.5_(0485)	frontal
023.6_(0486)	seitl zum Altarraum
023.7_(0487)	seitl zum Altarraum / Taufe
023.8_(0488)	seitl zum Altarraum / Taufe
023.9_(0489)	frontal

4.3.18 St.Nicolaus (1938 HH Alsterdorf)

Fotos HAA_ORh_*

012.12-4_Nr_1_(0355)	Altarbild (?Lensch?)

012.12-5_Nr_2_(0356)	Alsterdorf Kanzel, Bänke und Leuchter

4.3.19 Friedenskirche (1939 HH (Rahlstedt/Farmsen-Berne)

A006/ 028	5. Akte	Kirche in Hamburg-Berne, Foto auf Karton, Foto: Rheinländer
A007/ 012	10. Akte Hopp, Jäger, Gries 1962 -1966	Friedenskirche in Hamburg-Berne, 1965, Außen- und Innenaufnahme, Rheinländer

Fotos HAA_ORh_*

002.65-2031_(0021)	Turm
002.65-2034_(0023)	Turm Linaustraße
002.65-2035_(0022)	Turm Linaustraße
002.65-2040_(0024)	Orgelempore
008.12_(0232)	Altar Balken
008.24_(0242)	Gemeindehaus Treppen und Gemeindesaaltür
008.3_(0223)	ohne Turm
012.3_(0353)	zur Empore mit Balkeninschriften (alte Situation)
012.65-2035_(0354)	mit Turm breiter Blickwinkel

014.65-2031_(0371)	mit Turm und viel Straße
014.65-2032_(0372)	mit Turm und viel Straße
014.65-2033_(0373)	mit Turm und viel Straße
014.65-2036_(0374)	mit Gemeindehaus
014.65-2037_(0375)	Gemeindehaus
014.65-2038_(0376)	defekt
014.65-2038_(0377)	Altar und Bild
014.65-2039_(0378)	Altar und Bild aus dem Seitenschiff
014.65-2040_(0379)	Altar und Bild
014.65-2042_(0380)	Gemeindehaus mit Kirche von Osten

4.3.20 Osterkirche (1946 HH Bramfeld)

Chronik: Michaelis T2_(1963) Masch; Seeler 1933-1951: S. 55 u. 59 (in

S. 55: „Für die bombenbeschädigte Kirche bekamen wir immer noch nicht die Bauerlaubnis. Für den Altar wurde ein Reliefbild, das heilige Abendmahl darstellend, angeschafft und am 20. Oktober 1946 im Gottesdienst übernommen. Die Architekten Jäger und Hopp entwarfen das Bild."

S. 59: „Im Monat Juli 1951 wurde unsere Kirche neu ausgemalt. Die Ausmalung entwarfen und leiteten die Architekten Jäger und Hopp in Hamburg, ausgeführt wurde die Malerarbeit durch Malermeister Bernd, Bramfeld, Mönchskamp. Bei dieser Gelegenheit wurde der Altartisch umgebaut, die Mamorplatten am Unterteil wurden beseitigt. Die Altartischplatte wurde nach beiden Seiten erweitert, sodaß die Altarleuchter nicht mehr unterhalb der Kanzel stehen, wodurch die Kanzel bisher immer verschwelt wurde. (Hier brechen die Aufzeichnungen Pastor Seelers ab)."

4.3.21 Christianskirche (1950 HH Altona)

A005/ 003/ 23	6. Akte	Typoskript, Kopie, 240 Jahre Christianskirche (Ottensen)
A006/ 036-039	5. Akte	Wiederaufbau Christianskirche In Hamburg-Altona, 1946-1952, Außenaufnahme (Repro), Innenaufnahmen auf Karton, Foto: Rheinländer
A006/ 036-039	5. Akte	Wiederaufbau Christianskirche In Hamburg-Altona, 1946-1952, Außenaufnahme (Repro), Innenaufnahmen auf Karton, Foto: Rheinländer

Fotos HAA_ORh_*

002.17-1_(0033)	
002.17-3_(0041)	Altar
002.17-6_(0034)	Turmhalle
002.17-6_(0042)	Turmhalle mit Taufkapelle
002.57-384_(0040)	Altar Kanzel
002.57-385_(0035)	Orgelempore
002.57-385a_(0038)	Empore Brüstung
002.57-385b_(0039)	Empore Brüstung und Orgel
002.68-1070_gr_(0044)	G.v.Stockhausen Altarmalerei
002.68-1070_kl_(0046)	G.v.Stockhausen Altarmalerei
002.68-905_(0037)	Turmhalle Fenster
002.oN_(0036)	
002.oN_(0043)	
008.20_(0240)	
017.10_Nr_7_(0395)	Südeingang
017.2_Nr_13_(0389)	Bänke von unter der Empore auf den Altar mit Kreuz (aber ohne Bild)
017.4_Nr_15_(0390)	Seitenkapelle mit Taufe

017.5_Nr_16_(0391)	Seitenkapelle mit Altar
017.57-384_(0394)	Altar Kanzel
017.68-1070_(0398)	G.v.Stockhausen Altarmalerei
017.68-1072_(0397)	Abendmahlsszenerie Gemälde
017.68-1252_(0399)	G.v.Stockhausen Entwurf
017.68-905_(0396)	Fenster in Farbe (Auferstehung?)
017.7_Nr_19_(0392)	Gedenktafel 1939-1945
017.8_Nr_20_(0393)	Wendeltreppe
017.div_(0400)	6 Fotos aus der Zerstörungsphase
017.div_(0401)	5 Fotos aus der Zerstörungsphase mit 400 Jahr Jubiläum 1948 in der Ruine
017.div_(0402)	5 Fotos aus der Zerstörungsphase und Vorkriegsphase
062.62-11_(1077)	Farbbild v. Stockhausen

4.3.22 Pötrau (1950 SH Büchen)

A006/ 040-041	5. Akte	Kirche in Pötrau / Büchen 1950, Fotos auf Karton, Foto: Rheinländer

Fotos HAA_ORh_*

062.62-10_(1076)	Messingkelch
062.62-13_(1079)	
062.62-14_(1080)	Altarraum m. Gemälde
062.62-15_(1081)	Empore
062.62-6_(1072)	vom Friedhof z. Turm
062.62-7_(1073)	übers Feld

062.62-8_(1074)	von der Seite
062.62-9_(1075)	Kunst/Engel a. Seitenwand
009.62-13_(0319)	zentral zu Altar und Gemälde
009.62-6_(0318)	über die Felder

4.3.23 Johann-Gerhard-Oncken-Kirche (1951 HH Eimsbüttel)
(Grindelallee 101)

Fotos HAA_ORh_*

009.046-3_(0331)	Kirche Tauch-Tauf-Becken? Inschrift ‚Also hat Gott die Welt geliebt'..
046.1_(0719)	außen vorn
046.10_(0728)	Treppenhaus
046.11_(0729)	Außen von der Grindelallee
046.12_(0730)	Eingangssituation
046.13_(0731)	Vorhalle mit Treppenhaus
046.2_(0720)	

046.3_(0721)	Saal mit Baptisterium
046.4_(0722)	Saal mit Baptisterium, Kanzel
046.5_(0723)	Saal mit Baptisterium
046.6_(0724)	Empore
046.7_(0725)	Orgel-Empore
046.8_(0726)	Vorraum
046.9_(0727)	Treppenhaus

4.3.24 Julius-Köbner-Kapelle (1951 HH Hamm)
(Sievekingsallee 77)

Fotos HAA_Jäger_Lüden_*

N095.6-831_(0063)	außen
N095.6-831_(0064)	außen

N095.6-831_(0065)	innen
N095.6-831_(0066)	Innen

4.3.25 Sieben-Tags-Adventisten = Advent-Haus (1951 HH Eimsbüttel)
(Grindelberg 15a)

A006/ 042-045	5. Akte	Kapelle der Siebten Tag Adventisten, Grindelallee, 1952, Fotos auf Karton, Foto: teilw. Lüden

Fotos HAA_ORh_*

002.10-1_(0011)	Grindelallee
002.10-1_(0012)	Grindelallee
002.10-10_(0018)	Treppenauge

002.10-11_(0019)	Treppenhaus von unten
002.10-2_(0013)	Grindelallee Eingang
002.10-4_(0014)	
002.10-6_(0015)	

002.10-7_(0016)	Treppenhaus	
002.10-9_(0017)	Treppenhaus Malerei	
002.10oN_(0020)	Treppenhaus von unten	
008.15_(0235)	Empore Leuchten	

010.03_(0345)	hinten
010.08_(0346)	Treppenhaus Wandschrift
010.12_(0347)	Kirchraum von der Empore

4.3.26 Christophorus-Kirche (1953 HH Hummelsbüttel)

A005/ 003/ 17	6. Akte	Gemeindebrief März/ April 1983 Nr. 120. Evangelisch-lutherische Christophorusgemeinde Hummelsbüttel. 30 Jahre Christophoruskirche zu Hamburg-Hummelsbüttel
A006/ 057-60	5. Akte	Christophoruskirche in Hamburg-Hummelsbüttel 19-56-57, auße, innen Foto Rheinländer, Planrepros Schnitt und Altar

Fotos HAA_ORh_*

004.25-11_(0095)	Altar
004.25-12_(0096)	n hinten
004.25-13_(0088)	Links
004.25-3_(0093)	Seitenschiff n vorn
004.25-4_(0094)	Kronleuchter

004.56-44_(0087)	
004.56-45_(0089)	Turm
004.57-365_(0090)	zentral
004.57-367_(0091)	n hinten
004.625-1_(0092)	Seitenschiff n vorn

4.3.27 Lamstedt (1953 NI Kr Hadeln)

Internet:

http://www.kirche-lamstedt.de/doku.php?id=kirchenfuehrung:kirchenfuehrung

mit PDF-Download und Fotos.

Möglicherweise stellt die Jahreszahl 1953 eine Verschreibung für 1963 dar, wie von dem Vorsitzenden des Kirchenvorstands vermutet wurde, der künftig auch Zugang zum H&J betreffenden Archivmaterial der Jahre 1963ff eröffnen wird.

4.3.28 Methodistenkirche Eben-Ezer-Kirche (1954 HH Eimsbüttel)

Fotos HAA_Jäger_Lüden_*

4.3.29 Christus-Kirche (1954 HH Wandsbek)

A005/ 003/ 07	6. Akte	Betr.: Denkmalratssitzung vom 17. August 1992. Christuskirche Wandsbek
A005/ 003/ 18	6. Akte	ZA o.A., 5. Januar 1984. 350 Jahre Wandsbeker Kirche - Eine Gemeinde baut viermal ein Gotteshaus
A006/ 046-050	5. Akte	Christuskirche Hamburg-Wandsbek, Bestandsaufnahmen, Modellfotos auf Karton, Foto: teilw. Lüden

Fotos HAA_ORh_*

002.68-1252_(0045)	Entwurf Christuskirche Wandsbek ? G.v.Stockhausen
007.57-206_(0201)	Mosaik G. v. Stockhausen
007.58-15_o_(0195)	Kanzel
007.58-152_(0199)	zentral z. Altarraum
007.58-154_(0198)	Seitenfenster Kronleuchter
007.58-156_d_(0196)	Altarraum
007.58-156_h_(0197)	Altarraum
007.58-45_(0200)	Kanzel
007.67-514_(0194)	
049.1_(0816)	Seitenansicht
049.2_(0817)	Seitenansicht mit Turm-Rumpf
049.4_(0818)	Orgelempore
049.5_(0819)	Fenster
049.57-206_(0821)	Altarbild
049.58-152_(0825)	zentral zum Altarraum
049.58-153_(0826)	zentral zum Altarraum
049.58-154_(0827)	Seitenfenster mit Leuchtern
049.58-155_(0828)	zentral zum Altarraum
049.58-156_(0829)	zentral zum Altarraum
049.58-157_(0830)	Kanzel
049.58-158_(0831)	Nebenorgel beim Altarraum

049.58-159_(0832)	Kanzel
049.58-160_(0833)	Ältestenbank im Altarraum
049.58-1658_(0836)	Giebel von der Straße
049.58-45_(0822)	Kanzel
049.58-46_(0823)	Kanzel
049.58-69_(0824)	Altar mit Altarbild
049.6_(0820)	Fenster
049.66-1057_(0834)	Giebelfenster von der Straße dunkel
049.66-1057_(0835)	Giebelfenster von der Straße
049.67-186_(0837)	Giebel und Turm vom Marktplatz
049.67-274_(0838)	Kirche von hinten
049.67-275_(0839)	Kirche von der Seite
049.67-352_(0840)	Kirche von Nordschleswiger Straße
049.67-353_(0841)	Kirchturm von Südost
049.67-354_(0842)	Kirche von Ost
049.67-514_(0843)	Giebel und Turm vom Marktplatz
049.67-577_(0844)	Kirche von Süd
049.69-82_(0845)	Giebel mit Plastik
054.62-963_(0881)	Kirchraum ohne Turm in Bauphase

4.3.30 Auferstehungskirche (1954 HH Lurup)

A006/ 051-052	5. Akte	Auferstehungskirche in Hamburg-Lurup, 1954 Fotos auf Karton, außen, innen, Einweihung, Foto: teilw. Rheinländer

Fotos HAA_ORh_*

006.32-10_(0180)	Altar Bleifenster
006.32-12_(0181)	Empore
006.32-2_(0178)	Turm
006.32-9_(0179)	Altar
006.33-2_(0184)	Orgel
006.33-3_(0182)	Kanzel Taufe
006.33-4_(0183)	Kanzel Taufe
032.1_(0599)	mit Turm
032.10_(0608)	Altar, Fenster
032.11_(0609)	Altar, Fenster v. Empore
032.12_(0610)	Empore ohne Orgel
032.2_(0600)	mit Turm
032.3_(0601)	außen quer mit Turm
032.4_(0602)	außen quer mit Turm
032.5_(0603)	außen Lampe
032.6_(0604)	Innenraum

032.7_(0605)	Innenraum
032.8_(0606)	Innenraum
032.9_(0607)	Innenraum
033.1_(0587)	Orgelempore
033.10_(0596)	Gemeindehaus
033.11_(0597)	Gemeindehaus
033.12_(0598)	Treppenhaus
033.2_(0588)	Orgelempore
033.3_(0589)	Taufe, Kanzel
033.4_(0590)	Kanzel
033.5_(0591)	Kanzel
033.6_(0592)	Empore
033.7_(0593)	Empore
033.8_(0594)	Empore
033.9_(0595)	Gemeindehaus

4.3.31 Emmauskirche (1954 HH Wilhelmsburg)

(ehemals Reiherstieg)

Fotos HAA_ORh_*

007.052-1_(0202)	Seitenansicht
007.052-3_(0203)	Emmauskirche HH-Wilhelmsburg Apsis
007.052-4_(0204)	Eingang
007.052-5_(0205)	
007.052-7_(0206)	zentral z Altar
007.052-8_(0207)	Altar
007.053-1_(0208)	Taufbecken
007.053-10_(0217)	Leuchter Kanzel Altar
007.053-2_(0209)	Kanzel
007.053-3_(0210)	Empore
007.053-3_(0218)	Empore
007.053-4_(0211)	Empore
007.053-5_(0212)	Sakristei
007.053-6_(0214)	Bronze (F. Fleer)
007.053-7_(0213)	Altar
007.053-8_(0215)	Vorraum
007.053-9_(0216)	Leuchter
052.1_(0846)	Kirche mit Apsis
052.10_(0855)	Taufe
052.2_(0847)	Eingang von außen
052.3_(0848)	Apsis

052.4_(0849)	Vorhalle zum Kirchraum
052.5_(0850)	zentral zum Altarraum
052.6_(0851)	zentral zum Altarraum von Empore
052.7_(0852)	zentral zum Altarraum von Empore
052.8_(0853)	Altar mit Kruzifix und Leuchter
052.9_(0854)	Altar mit Kruzifix und Leuchter
053.1_(0856)	Taufe und Altar
053.10_(0865)	Lampen, Kanzel, Altarraum
053.2_(0857)	Kanzel
053.3_(0858)	Kirchraum vom Altar zur Empore
053.4_(0859)	Emporenbrüstung
053.5_(0860)	Sakristei
053.6_(0861)	Altarbild Fleer
053.7_(0862)	Altar-Parament
053.8_(0863)	Vorraum
053.9_(0864)	Lampen
062.59-392_(1082)	Orgelempore

4.3.32 Flüchtlings-Kirchenbaracke (1955 SH Wentorf)

A006/ 053	5. Akte	Kirchenbaracke Hamburg-Wentorf, 1955, Glocken, Umgebung, Foto: Lüden

Fotos HAA_ORh_*

4.3.33 Mutterhaus u. Kapelle (1955 NW Münster)

Fotos HAA_ORh_*

005.037-11_(0140)	Mutterhaus Münster mit Möbeln
005.037-4_(0139)	Mutterhaus Münster mit Möbeln
005.34-10_(0145)	Kapelle Münster n hinten
005.34-11_(0144)	Kapelle Münster n hinten
005.34-11_(0150)	Kapelle Münster n hinten
005.34-2_(0146)	Kapelle Münster
005.34-4_(0147)	Kapelle Münster Altarraum
005.34-6_(0148)	Kapelle Münster Altarraum
005.34-7_(0149)	Kapelle Münster Altarraum
005.36-1_(0129)	Mutterhaus Münster

005.36-11_(0135)	Mutterhaus Münster mit Möbeln
005.36-12_(0136)	Mutterhaus Münster mit Möbeln
005.36-14_(0137)	Mutterhaus Münster mit Möbeln
005.36-15_(0138)	Mutterhaus Münster mit Möbeln
005.36-3_(0130)	Mutterhaus Münster
005.36-5_(0131)	Mutterhaus Münster
005.36-6_(0132)	Mutterhaus Münster Giebelseite
005.36-8_(0134)	Mutterhaus Münster Verbindungsgang
005.36-oN_(0133)	Mutterhaus Münster Treppenhaus
005.38-4_(0141)	Mutterhaus Münster Gang

005.38-6_(0142)	Mutterhaus Münster Treppenhaus
005.38-7_(0143)	Mutterhaus Münster Treppenhaus
008.21_(0241)	Mutterhaus Münster Westf
034.1_(0611)	s/w Kapelle
034.1_(0612)	Farbe
034.10_(0621)	Empore mit Orgel
034.11_(0622)	Empore mit Orgel
034.12_(0623)	Bänke im Altarraum
034.13_(0624)	Leuchter
034.14_(0625)	Treppenaufgang
034.15_(0626)	Sakristei
034.16_(0627)	Vorraum
034.17_(0628)	Vorraum mit Tischen und Stühlen
034.2_(0613)	Seitenansicht Kapelle
034.3_(0614)	Seitenansicht Tür Kapelle

034.4_(0615)	Altarraum mit Kreuz und Schrift
034.5_(0616)	Altarraum mit Kreuz und Schrift
034.6_(0617)	Altarraum mit Kreuz und Schrift
034.7_(0618)	Altarraum mit Kreuz und Schrift
034.8_(0619)	Altarraum mit Kreuz und Schrift
034.9_(0620)	Altarraum mit Kreuz und Schrift
035.1_(0629)	Verwaltungsgebäude 13 Fotos
036.1_(0630)	Verwaltungsgebäude div. Fotos auch in 037
038.57-965_(0631)	Krankenhaus
038.57-967_(0632)	Krankenhaus
039._(0633)	Krankenhaus

4.3.34   Philippuskirche (1956 HH Horn)

Fotos HAA_ORh_*

006.57-486_(0185)	Giebelseite
006.57-487_(0186)	Turmseite
006.57-488_(0187)	Altar
006.57-490_(0188)	z Altar
006.57-492_(0189)	Altar Bild
047.1_(0732)	mit Turm
047.2_(0733)	mit Turm
047.57-484_(0734)	mit Turm
047.57-485_(0735)	mit Turm

047.57-486_(0736)	mit Turm
047.57-487_(0737)	
047.57-488_(0738)	
047.57-489_(0739)	
047.57-490_(0740)	
047.57-491_(0741)	Empore ohne Orgel
047.57-492_(0742)	Altar
047.57-493_(0743)	Taufe und Altar

4.3.35   Stephanuskirche (1956 HH Eimsbüttel)

A005/ 003/ 03	6. Akte	ZA Hamburger Abendblatt 18./19. Dezember 2010. Gotteshaus sucht neue Funktion. (St. Stephanus-Kirche in Eimsbüttel)

Fotos HAA_ORh_*

4.3.36   Adventskirche (1956 HH Schnelsen)

Turm von H&J; Kirchraum als Notkirche von Otto Bartning; Fenster ClausWallner

Fotos HAA_ORh_*

009.062-12_(0310)	Kirche in Schnelsen Parament
009.062-4_(0309)	Kirche in Schnelsen
009.062-5_(0311)	Kirche in Schnelsen
009.062-oN_(0312)	Kirche in Schnelsen

062.62-12_(1078)	
062.62-2_(1068)	
062.62-3_(1069)	
062.62-4_(1071)	
062.62-5_(1070)	

4.3.37 Bethel Kirchraum u Sarepta (1956 NW Bielefeld)

A006/ 054-55	5. Akte	Lindenhof Sarepta, Bethel / Bielefeld, 1956, Foto: teilw. Rheinländer

Fotos HAA_ORh_*

002.15-1_(0025)	Bethel Sarepta
002.15-10_(0030)	Bethel Sarepta Raumansicht
002.15-11_(0031)	Bethel Sarepta Raumansicht
002.15-2_(0026)	Bethel Sarepta
002.15-4_(0027)	Bethel Sarepta

002.15-5_(0028)	Bethel Sarepta
002.15-8_(0029)	Bethel Sarepta
002.57-648_(0032)	Bethel Kirchenraum?
015.57-649_(0382)	Bethel Kirchenraum Kanzel
015.7_(0381)	Sarepta Halle

4.3.38 St.Katharinen-Kirche (1957 HH Altstadt)

A005/ 003/ 20	6. Akte	Faltblatt, Die Hauptkirche St. Katharinen in Hamburg
A005/ 003/ 21	6. Akte	ZA, Hamburger Abendblatt, 24.25. Juli 1983 Operation Gomorrha... Bernhard Hopp schildert die Zerstörung von St. Katharinen
A006/ 032-035	5. Akte	Wiederaufbau der Hauptkirche St. Katharinen in Hamburg ab 1945, Bestand, Richtfest, Außenaufnahme 1958 (Rheinländer), Planrepros von Skizzen zur Kanzel, Fotos auf Karton, Foto: Lüden / Rheinländer
M009	7. Zeichenrollen	Hauptkirche St. Katharinen, Hamburg , Ansicht Turm 1944, Bestandsaufnahme Mai 1944 (leider verschmutzt, eingerissen und vergilbt)

Fotos HAA_ORh_*

001.5_(0001)	Gewölbe
001.6_(0002)	Gewölbe vor der Orgel
004.1_(0098)	(1935 v.Seggern Königstraße 14-16) mit Turm
004.10_(0101)	Plastik
004.11_(0100)	Fenster zentral
004.12_(0099)	Baugerüst
004.16_(0104)	Gründung Fundamente
004.2_(0097)	Altarraum und Relief
004.4_(0103)	Kanzel Altar
004.56-203_(0105)	Altarraum
004.57-304_(0106)	Epitaphe
004.57-818_(0107)	mit Turmgerüst und Brücke
004.63-1214_(0108)	Holzdekor Jesus und Sturm
004.63-1216_a_(0109)	Kanzel mit Holzreliefs
004.63-1216_b_(0110)	Kanzel mit Holzreliefs
004.67-158_(0111)	Turmgründungen
004.9_(0102)	Plastik f. Segelschulschiff Untergang Pamir
004.R394-1_(0112)	Fundamente
026.1_(0526)	Hauptschiff
026.56-203_(0531)	Altarraum
026.56-267_(0533)	Glasfenster Farbe
026.56-267b_(0534)	Glasfenster Farbe
026.56-53h_(0528)	Turm im Bau

026.56-53w_(0527)	Turm im Bau
026.56-54_(0529)	Turm im Bau
026.56-55_(0530)	Turmspitze
026.57-218_(0540)	"Die Kirche" (von Süden mit Brücke)
026.57-303_(0537)	Epitaph
026.57-304_(0538)	Epitaph
026.57-305_(0539)	Plastik Katharina
026.57-32_(0532)	zerstörte Außenwand
026.57-33_(0535)	Grabplatten-Fragmente
026.57-34_(0536)	Fundament
026.58-115_(0541)	Hauptschiff
026.58-120_(0542)	Wendeltreppe
026.58-125_(0543)	Fenster für "Kirchl.Kunstdienst"
026.58-921_(0544)	Südanbauten
027.63-126_(0548)	Orgel
027.63-127_(0545)	Gewölbe (Beleuchtung / Sterne)
027.63-413_(0546)	Gewölbe (Beleuchtung / Sterne)
027.63-414_(0547)	Risse in Wand und Gewölbe
027.63-613_(0549)	Trümmer
027.64-1162_(0550)	Betende Figur
027.64-1163_(0551)	Betende Figur
027.67-1176_(0554)	Armierungen im Fundament
027.67-1176_(0555)	Gedenktafel
027.67-157_(0552)	Trümmer/Fundamente
027.67-542_(0553)	Betonmischer
027.68-257_(0556)	Altarraum

027.68-258_(0557)	Altarraum
027.68-303_(0558)	Altarkreuz
054.62-996_(0882)	Haupteingang
058.68-684_(1007)	Kriegszerstörung Gemälde
059.68-700-729_(1022)	alt Zerstörung

060.68-730-749_(1023)	alt Zerstörung

4.3.39 Matthäuskirche (1958 NW Münster)

A006/018	5. Akte	Kirche in Münster / Westfalen, Fotos auf Karton

Fotos HAA_ORh_*

4.3.40 Christuskirche (Garnisonkirche) (1958 SH Flensburg Mürwik)

A005/003/ 28	6. Akte	Broschüren, Postkarte. 50 Jahre Christuskirche Mürwik
A006/127-130	5. Akte	Flensburg-Mürwik, Gemeindezentrum, 1959-62, Planrepros; Modellfotos, (Lüden). Außen-, Innenaufnahmen, Rheinländer

Fotos HAA_ORh_*

003.40-1_(0052)	Turm Bäume Kindergarten
003.59-607_(0064)	nach vorn
003.59-608_(0066)	Kindertagesstätte
003.59-609_(0068)	Kindertagesstätte
003.59-610_(0067)	Kindertagesstätte
003.59-611_(0051)	Turm Bäume
003.59-612_(0050)	Turm
003.59-612_(0077)	mit Baumreihe
003.59-612_defekt_(0076)	mit Baumreihe
003.59-613_(0078)	Turm
003.59-614_(0054)	frontal
003.59-615_(0047)	
003.59-615_(0055)	mit Gelände
003.59-617_(0048)	v d Seite
003.59-621a_(0056)	Eingang
003.59-621b_(0058)	Eingang und Grundstein
003.59-624_(0057)	durch Fenster
003.59-625_(0059)	Eingang und Grundstein
003.59-626_(0060)	Tonne mit Schwung
003.59-627_(0053)	
003.59-627_gr_(0061)	
003.59-628_(0072)	Altar
003.59-629_(0075)	Altar und Taufbecken
003.59-630_(0074)	Kanzel und Altar
003.59-631_(0073)	Kanzel
003.59-632_(0049)	
003.59-634_(0062)	Orgel-Empore
003.59-634_(0069)	

003.59-637_(0063)	Fenster Altarraum
003.59-641_(0065)	Gestühl
003.59-642_(0070)	Kindertagesstätte
003.59-643_(0071)	Kindertagesstätte
003.59-646_(0079)	Vogelperspektive
040.1_(0634)	Kirche und umgebende Siedlung
040.2_(0635)	Eingangstür
040.3_(0636)	Eingangstür
040.4_(0637)	Eingangstür Ornamente Querner
040.5_(0638)	unter Empore zum Altarraum
040.6_(0639)	Mittelgang, Gestühl/Bänke
040.7_(0640)	von der Empore
041.59-611_(0642)	in der Landschaft
041.59-612_(0643)	in der Landschaft
041.59-613_(0644)	in der Landschaft Turm
041.59-614_(0645)	Eingangstür Ornamente Querner
041.59-615_(0646)	Eingangstür Ornamente Querner
041.59-615_(0647)	Eingangstür Ornamente Querner
041.59-616_(0648)	Rückseite
041.59-617_(0649)	Vorderseite von der Straße
041.59-618_(0650)	Turm und Zwischengang
041.59-619_(0651)	Turm und Zwischengang
041.59-620_(0652)	Zwischengang-Fenster

041.59-621_(0653)	Eingangstür Ornamente Querner
041.59-622_(0655)	Eingangstür allein
041.59-623_(0654)	Eingangstür allein
041.59-624_(0641)	vom Vorraum durch Fenster
042.59-6_(0670)	
042.59-625_(0656)	
042.59-627_(0657)	
042.59-627_(0658)	
042.59-628_(0659)	Altar
042.59-629_(0660)	Altar mit Taufe
042.59-630_(0661)	Altar mit Kanzel
042.59-631_(0662)	Seitenschiff mit 'Welle'
042.59-632_(0663)	Empore mit Orgel
042.59-633_(0664)	Empore mit Orgel von unter der Empore
042.59-634_(0665)	Empore mit Orgel
042.59-635_(0666)	Empore mit Orgel
042.59-636_(0667)	Orgel
042.59-637_(0668)	Blick auf Seitenschiff
042.59-638_(0669)	Taufe und Fenster
042.59-639_(0671)	Kanzel
042.59-640_(0672)	Gestühl

042.59-641_(0673)	Gestühl
043.64-634_(0674)	Kindergarten
043.64-635_(0675)	Kindergarten
043.64-637_(0676)	Pastorat
043.64-638_(0677)	Pastorat
043.64-641_(0678)	Kindergarten
043.64-642_(0679)	Kindergarten u. Kirchturm
043.64-646_(0680)	Luftbild
043.64-647_(0681)	Luftbild
043.64-648_(0682)	Luftbild niedriger
043.64-649_(0683)	Luftbild niedriger dunkler
043.68-608_(0684)	neuer Gemeindesaal
043.68-609_(0685)	neuer Gemeindesaal
043.68-610_(0686)	Terassenunterbau
043.68-611_(0687)	Nebeneingang
043.68-612_(0688)	Terrassenunterbau
043.68-613_(0689)	Treppenhaus
043.68-614_(0690)	Flur
043.68-615_(0691)	Gemeindesaal
043.68-616_(0692)	Foyer Gemeindersaal

4.3.41 Jacobi-Kirche (1958 NW Rheine)

Fotos HAA_ORh_*

4.3.42 Bargstedt (Turm) (1958 NI Bargstedt)

A006/ 110-111	5. Akte	Kirche in Bargstedt / Buxtehude, 1959-61, Modell (Lüden) und Außenaufnahmen (Rheinländer)

Fotos HAA_ORh_*

009.59-439_(0336)	mit Dorf Fachwerk
009.61-902_(0334)	
009.61-902_(0335)	
013.1_(0360)	zur Empore (defekt)
013.1_(0363)	zur Empore
013.4_Nr_2_(0357)	zur Empore mit Bänken, Kanzel, Altar
013.59-402_(0361)	defekt
013.59-402_(0362)	Kirche in Landschaft

013.59-404_(0358)	mit Turm und Bäume
013.59-405_(0359)	mit Turm von der Rückseite
013.59-435_(0364)	Kirche im Dorf
013.61-903_(0365)	Turmsockel
013.61-904_(0366)	mit Baumbestand um die Kirche
013.61-905_(0367)	mit Baumbestand um die Kirche
013.61-906_(0368)	Giebelseite vergrößert

4.3.43 St. Marien (1960 HH Ohlsdorf)

Jahr   **Titel**   **Inhalt / Stichwort**

A006/ 063	5. Akte	Kirche in Hamburg-Fuhlsbüttel-Süd, Am Maienweg, Zeichnungen Bernhard Hopp, Repros

Fotos HAA_ORh_*

004.60-579_(0114)	ohne Bäume
004.60-580_(0115)	zentral z. Altar
004.60-582_(0113)	n. hinten
021.60-577_(0467)	vom anderen Alsterufer aus
021.60-578_(0468)	von der Alsterseite

021.60-579_(0466)	Turm und Kirchgebäude
021.60-580_(0469)	frontal
021.60-581_(0470)	frontal
021.60-582_(0471)	vom Altarraum aus
021.60-583_(0472)	Kanzel

4.3.44   Auferstehungskirche (1960 HH Schmalenbeck)

A006/ 093-94	5. Akte	Auferstehungskirche in Hamburg-Schmalenbek, 1960, Planrepros

Fotos HAA_ORh_*

006.62-1080_(0191)	Altar
006.62-1081_(0192)	Seitengang
006.62-1082_(0193)	z Empore
006.63-618_(0190)	
048.-62-1078_(0745)	über Teich fotografiert
048.-62-1079_(0746)	von unter der Empore
048.-62-1080_(0747)	zentral
048.-62-1081_(0748)	Seitenschiff von unter der Empore

048.-62-1082_(0749)	
048.-62-1083_(0750)	Fenster und Seitenschiff
048.-62-1084_(0751)	Kanzel
048.-63-618_(0752)	Turm
048.-63-619_(0753)	über Teich fotografiert
048.-63-789_(0754)	Turm
048.-67-1085_(0755)	Kindergarten
048.-67-1086_(0756)	Kindergarten
048.-67-1089_(0757)	Kindergarten+Pfarrkause

4.3.45   Johanniskirche (1960 NI Stade)

A005/ 003/ 11	6. Akte	ZA Stader Tageblatt, 5. Dezember 2006. 50-Jähriges unter vollem Geläut. Johannis-Gemeinde feiert Jubiläum
A005/ 003/ 12	6. Akte	Broschüre. 50 Jahre und kein bisschen leise... Kirchweihfest 50 Jahre Johanniskirche 1956-2006 (Stade)
A005/ 003/ 13	6. Akte	ZA, Rund um Johannis. Kirchweih -50 Jahre Johanniskirche (Stade)
A005/ 003/ 22	6. Akte	ZA, o.A. Landesbischof Dr. D. Lilje in Stade. Besichtigung des Kirchen-Bauvorhabens in der Stader Neustadt
A006/ 069-071	5. Akte	Johanniskirche in Stade, Turmbauten, 1954?, Planrepros Ansichten, Modellfotos, außen, innen Fotos teilw. Rheinländer

Fotos HAA_ORh_*

006.57-119_(0174)	Taufe m Seitenschiff
006.57-318_(0167)	
006.57-320_(0163)	
006.57-321_(0168)	seitlicher Haupteingang
006.57-322_(0169)	Gemeindehaus Pfarrhaus
006.57-326_(0166)	zentral Kanzel Altar
006.57-327_(0170)	Betonfenster Kanzel
006.57-328_(0164)	Betonfenster

006.57-342_(0171)	
006.57-344_(0165)	
006.57-347_(0172)	Betonfenster zentral
006.57-348_(0175)	
006.57-349_(0173)	
006.60-608_(0176)	Orgel Taufe
006.60-609_(0177)	Lesepult
048.-57-318_(0758)	mit Turm
048.-57-319_(0759)	mit Turm

048.-57-320_(0760)	mit Turm
048.-57-321_(0761)	Seiten-Eingang
048.-57-322_(0762)	Pastorat u Kirchturm (noch ohne Uhr)
048.-57-323_(0763)	Pastorat
048.-57-324_(0764)	Zentral
048.-57-325_(0765)	von der Empore
048.-57-326_(0766)	mit Seitenfenstern
048.-57-327_(0767)	
048.-57-328_(0768)	Fenster in Farbe
048.-57-341_(0769)	mit Turm
048.-57-342_(0770)	mit Turm

048.-57-343_(0771)	mit Turm
048.-57-344_(0772)	mit Turm
048.-57-345_(0773)	
048.-57-346_(0774)	
048.-57-347_(0775)	
048.-57-348_(0776)	
048.-57-349_(0777)	
048.-57-919_(0778)	Taufe
048.-60-607_(0779)	Altarraum u. Orgel
048.-60-608_(0780)	Taufe u. Orgel
048.-60-609_(0781)	Lesepult

4.3.46 Marienkirche (1960 SH Flensburg)

A005/ 003/ 27	6. Akte	Broschüre, St. Marien in Flensburg, 1984
A006/ 104-108	5. Akte	Renovierung St. Marien in Flensburg 1960, Außendetail, Innenaufnahmen, Foto: Rheinländer

Fotos HAA_ORh_*

003.59-602_(0080)	Altarraum mit Gemälde
003.59-603_(0081)	Kanzel und Taufe
003.59-604_(0082)	Seitenschiff Gedenktafeln
003.59-605_(0083)	Seitenschiff Kronleuchter Deckenausmalung
003.59-606_(0084)	Seitenschiff Gedenktafeln
003.59-608_(0085)	Seitenschiff Gedenktafeln / Steininschrift
003.59-609_(0086)	Seitenschiff Kronleuchter Deckenausmalung
018.59-600_(0427)	Seiteneingang

018.59-601_(0428)	Altarraum
018.59-602_(0429)	Altarraum aus Seitenschiff
018.59-603_(0430)	Kanzel mit Seitenschiff
018.59-604_(0431)	Gedenktafeln im Seitenschiff
018.59-605_(0432)	Kronleuchter im Seitenschiff
018.59-606_(0433)	Grabtafel / Seitentür im Seitenschiff
018.59-607_(0434)	Seitenschiff
018.59-608_(0435)	Gedenktafeln im Seitenschiff
018.59-609_(0436)	Deckengewölbe mit Ausmalung
018.59-610_(0437)	Deckengewölbe mit Ausmalung

4.3.47 Nicolaikirche (1960 SH Flensburg)

Fotos HAA_ORh_*

4.3.48 St.Jacobi-Kirche (1962 HH Altstadt)

Zur Restaurierung der Turmhalle (1935) siehe Hopp (1935) HambKZ

A005/ 003/ 19	6. Akte	Sonderdruck: Hauptkirche St. Jacobi, Hamburg 1978. Die Denkmäler. Gemeinschaft mit Toten und Vollendeten
A005/ 003/ 29	6. Akte	Broschüre. Wenzel Lohff, Das kleine Kirchenbuch der Hauptkirche St. Jacobi Hamburg, 1978

A006/ 074-088	5. Akte	Wiederaufbau der Hauptkirche St. Jacobi in Hamburg, Modellfotos Turmvarianten, Turmrichtfest: Personenaufnahmen: Hopp und Jäger, Bürgermeister Brauer, Bischof Witte, Planrepros Turm und Grundrisse, Kontaktabzüge Details Seitenschiff, 1957-59

Fotos HAA_ORh_*

004.048d-1_(0123)	Kanzel Seitenschiff Notkirche
004.048d-14_(0124)	Treppenaufgang Herrensaal
004.418-6_(0120)	Hauptportal (Prof. Weber)
004.418-8_(0121)	Hauptportal (Prof. Weber)
004.5_(0118)	Altar / Relief / Kerzen-Wandleuchter
004.6_(0117)	Kanzel
004.60-88_(0125)	Treppenaufgang Seitengebäude
004.60-90_(0126)	Treppenaufgang Seitengebäude
004.68-303_(0119)	Altarkreuz
004.7_(0116)	Empore
004.70-1309_(0127)	Empore und Kemperorgel
004.70-1326_(0128)	Küster-Loge
004.8_(0122)	Kanzel Altar
048.-1_(0784)	Seitenschiff mit Kanzel
048.-10_(0793)	Dachstuhl-Aufbau Stahlfaltdach Noell
048.-11_(0794)	Dachstuhl-Aufbau Stahlfaltdach Noell
048.-12_(0795)	Dachstuhl-Aufbau Stahlfaltdach Noell
048.-13_(0796)	Dachstuhl-Aufbau Stahlfaltdach Noell
048.-14_(0797)	Wendeltreppe zum Herrensaal
048.-15_(0798)	Dachstuhl-Aufbau Stahlfaltdach Noell
048.-16_(0799)	Dachstuhl-Aufbau Stahlfaltdach Noell
048.-17_(0800)	Kanzelunterteil
048.-2_(0785)	Kanzel
048.-20_(0801)	Dachstuhl-Aufbau Stahlfaltdach Noell

048.-3_(0786)	Kanzel
048.-4_(0787)	Bänke im Seitenschiff
048.-5_(0788)	Dachstuhl-Aufbau Stahlfaltdach Noell
048.-56-297_(0802)	Modell mit Turm-Variante
048.-6_(0789)	Dachstuhl-Aufbau Stahlfaltdach Noell
048.-60-88_(0803)	Treppenhaus
048.-60-89_(0804)	Treppenhaus
048.-63-865_(0782)	
048.-63-865a_(0783)	in Farbe
048.-67-559_(0805)	Hauptschiff mit Kanzel und Altar
048.-7_(0790)	Dachstuhl-Aufbau Stahlfaltdach Noell
048.-70-1306_(0807)	Altarraum u. Kanzel
048.-70-1307_(0808)	Altarraum u. Kanzel
048.-70-1309_(0809)	Seitenorgel Kemper
048.-70-1310_(0810)	Seitenorgel Kemper
048.-70-1311_(0811)	Seitenorgel Kemper
048.-70-1312_(0812)	Vorraum
048.-70-1322_(0813)	Seitenorgel Kemper
048.-70-1326_(0814)	Küsterloge
048.-70-1443_(0815)	Haupteingang
048.-70-682_(0806)	Gemälde Werke der Barmherzigkeit
048.-8_(0791)	Dachstuhl-Aufbau Stahlfaltdach Noell
048.-9_(0792)	Dachstuhl-Aufbau Stahlfaltdach Noell
055.63-832_(0883)	vom Jacobi-Kirchhof

4.3.49 Paulus-Kirche (1962 NW Hamm)

A006/ 122	5. Akte	Pauluskirche in Hamm / Westf. Planrepro, Außenaufnahme, Foto: teilw Lüden

Fotos HAA_ORh_*

009.63-1057_(0337)	
009.63-1063_(0340)	
009.63-1064_(0341)	
023.63-1057_(0497)	Außen

023.63-1058_(0498)	innen mit Kanzel u. Empore
023.63-1059_(0499)	Gewölbe
055.63-1059_(0896)	Uhr?
055.63-1064_(0897)	zentral zum Altarraum

4.3.50 Pauluskirche (1962 HH Eidelstedt)

*Fotos HAA_ORh_**

4.3.51 Osterkirche im Jacobi-Park (1962 HH Eilbek)

A006/ 089-090	5. Akte	Bebauungsvorschlag des Jacobi-Friedhofs in Hamburg-Wandsbek (Eilbek?), Modell, Planrepro Arbeitsgemeinschaft Ostermeyer, Hopp und Jäger

Fotos HAA_ORh_*

4.3.52 Johanneskapelle (1962 HH Rothenburgsort)

Fotos HAA_ORh_*

054.62-325_(0866)	
054.62-598_(0873)	Empore

054.62-599_(0874)	Altarrraum
055.64-16_(0898)	von der Rückseite

4.3.53 Kirche Groß Flottbek (1962 HH Gr.Flottbek)

Siehe zur Gestaltung und Umbau 1962 Lobe / Vennebusch (2013) S. 19

Fotos HAA_ORh_*

4.3.54 Kirche (1962 NI Fredenbek)

A007/ 003	10. Akte Hopp, Jäger, Gries 1962 -1966	Kirche in Fredenbek / Stade, 1962, Modell

Fotos HAA_ORh_*

054.62-336_(0867)	
054.62-337_(0868)	Altar und gemaltes Kruzifix Hermann Junker

054.62-338_(0869)	Empore
054.62-407_(0870)	
054.62-541_(0871)	

4.3.55 Nikolai (1962 NW Bielefeld)

A005/ 003/ 06	6. Akte	Die Altstädter Nicolaikirche in Bielefeld. Chronologie
A006/ 112-121	5. Akte	Altstädter Nicolaikirche Bielefeld, 1959-62, Planrepros, Modellfotos, Montagen Turmvarianten, Außenaufnahme, Innenaufnahmen, Fotos: Lüden, Rheinländer
A007/ 024	10. Akte Hopp, Jäger, Gries 1962 -1966	Anmerkung von Emmerich Jäger betr. Altstädter Nicolaikirche, Bielefeld, 29.11. 2010

	- Projekte Fotos	
A007/ 025	10. Akte Hopp, Jäger, Gries 1962 -1966	Mappe mit Zeichnungen, Skizzen und Bestandsfotos zur Altstädter Nicolaikirche in Bielefeld; Baubeschreibung Riegelanbau Altstädter Nicolaikirche in Bielefeld, 1. Fassung, 3. Fassung 22.2.1962

Fotos HAA_ORh_ *

002.16-1_(0005)	
002.16-10_(0008)	Kanzel
002.16-11_(0009)	Leuchter Gewölbe
002.16-12_(0010)	Sakristei
002.16-2_(0003)	
002.16-3_(0006)	
002.16-4_(0007)	Orgelempore
002.16-6_(0004)	
009.63-1049_(0327)	Bielefeld Turm

016.5_(0383)	mit Orgelempore
016.63-1055_(0387)	vom Marktplatz mit neuem Turm
016.63-612_(0388)	Umbauphase / Ruine
016.7_(0384)	Taufbecken
016.8_(0385)	mit Wendeltreppe
016.9_(0386)	Seiteneingang
055.63-1056_(0895)	

4.3.56 Christuskirche (1962 HH Eidelstedt)

Jahr	Titel		Inhalt / Stichwort
2014	Gesamtkonzept Innenraum Eidelstedt 04.03.2014.pdf	Umgestaltung Christuskirche	Abschnitt zur Architektur der Christuskirche (S. 6-8) [J. Schröder]

A007/ 001	10. Akte Hopp, Jäger, Gries 1962 -1966	Christuskirche in Hamburg-Eidelstedt, 1962 Foto Rheinländer 62/ 738
A007/ 002	10. Akte Hopp, Jäger, Gries 1962 -1966	Kirche in Hamburg-Eidelstedt, Modell, Innenraumperspektive, Repros, Lüden
A007/ 004	10. Akte Hopp, Jäger, Gries 1962 -1966	Christuskirche in Hamburg-Eidelstedt, 1962, Turmvarianten im Modell, Lüden

Fotos HAA_ORh_ *

009.62-738_(0320)	Kirche HH-Eidelstedt Nord
009.62-739_(0321)	Kirche HH-Eidelstedt Nord
054.62-735_(0875)	Turm und Kirche (Farbe)
054.62-736_(0876)	Gemeindehaus (Farbe)

054.62-737_(0877)	Gemeindehaus
054.62-738_(0878)	Turm und Kirche
054.62-739_(0879)	Empore und Fenster
054.62-951_(0880)	Turm und Kirche

4.3.57 St.Markus (1963 NW Osnabrück)

A005/ 003/ 15	6. Akte	Broschüre. 50 Jahre Markuskirche, Festschrift. (Osnabrück)

A007/ 007-008	10. Akte Hopp, Jäger, Gries 1962 -1966	Markuskirche Osnabrück, 1963, Modellaufnahmen

Fotos HAA_ORh_*

055.63-1047_(0887)	Turm und Kirche
055.63-1048_(0888)	Turm und Kirche
055.63-1049_(0889)	Turm und Kirche
055.63-1050_(0890)	Eingang mit Skulptur

055.63-1051_(0891)	zentral mit Altarraum
055.63-1052_(0892)	Empore und Lesepult
055.63-1053_(0893)	Altar mit Kreuz
055.63-1054_(0894)	Kanzel

4.3.58 St.Johannis (1964 SH Adelby/Flensburg)

A006/ 109	5. Akte	St. Johanniskirche, Flensburg-Adelby, Postkarten
A007/ 010	10. Akte Hopp, Jäger, Gries 1962 -1966	Renovierung St. Johanniskirche in Adelby / Flensburg, 1964, Außen- und Innenaufnahme

Fotos HAA_ORh_*

008.8_(0228)	? Altar Kanzel
008.9_(0229)	? Orgel Empore
056.67-614_(0927)	Kirche
056.67-615_(0928)	
056.67-616_(0929)	barocker Säulensockel ?

056.67-617_(0933)	
056.67-618_(0930)	Orgelempore
056.67-618_(0931)	Orgelempore
056.67-618_(0932)	

4.3.59 Innien (1965 SH Innien/Rendsburg)

Fotos HAA_ORh_*

4.3.60 Büchen (1965 SH Büchen)

Fotos HAA_ORh_*

4.3.61 Albersdorf (1965 SH Albersdorf/Heide)

A007/ 011	10. Akte Hopp, Jäger, Gries 1962 -1966	Kirche in Albersdorf / Holstein, Modellaufnahmen Turmvarianten 1965, Lüden

Fotos HAA_ORh_*

009.oN_(0287)	Ruine

009.oN_(0288)	Ruine
009.oN_(0289)	Ruine Leiter Dachstuhl

009.oN_(0290)	Ruine Reste von Gebeinen
011.65-1018_(0348)	Ruine mit Gerüst
011.65-1022_(0349)	Ruine mit Dachkonstruktion
011.65-1061_(0350)	Personen / Handwerker am Bau

011.67-339_(0351)	frontal zum Altar
011.67-724_(0352)	über Friedhof fotografiert

4.3.62 Moorfleet (1965 HH Moorfleet)

Fotos HAA_ORh_*

4.3.63 St.Michaels-Kirche (1966 NI Rotenburg / a.d.Wümme)

A007/ 009	10. Akte Hopp, Jäger, Gries 1962 -1966	St. Michaelskirche in Rotenburg / Wümme 1963-66, Modellaufnahmen, Lüden

Fotos HAA_ORh_*

006.65-2237_(0156)	zur Empore
006.65-2238_(0157)	Altarraum (Elmar Lindner)
006.65-2239_(0158)	Gemeinderaum
006.65-2240_(0159)	Gemeinderaum Vorraum
006.65-2241_(0160)	Gemeinderaum Vorraum
006.65-2252_(0152)	

006.65-2253_(0151)	
006.65-2254_(0153)	
006.65-2255_(0154)	
006.65-2256_(0155)	
006.65-oN_(0161)	Altarraum (Elmar Lindner)
006.65-oN_(0162)	Skulptur (Elmar Lindner)

4.3.64 Thomas-Kirche (1966 HH Bramfeld/Hellbrook)

A007/ 014	10. Akte Hopp, Jäger, Gries 1962 -1966	Thomaskirche und Gemeindehaus in Hamburg-Bramfeld, Haldesdorfer Straße, 1966, Außenaufnahme, Rheinländer

Fotos HAA_ORh_*

009.68-1320_(0302)	Seitenschiff / Ausgang
009.68-348_(0301)	frontal
056.2_(0916)	Altarraum
056.2_(0917)	
056.68-1320_(0972)	Orgelempore
056.68-1321_(0973)	mit Turm

056.68-345_(0943)	Kanzel und Altarraum
056.68-346_(0944)	Taufe
056.68-347_(0945)	Orgelempore
056.68-348_(0946)	zentral
063.1_(1090)	Haldesdorferstr.

4.3.65 Harsefeld (1966 NI Harsefeld/Buxtehude)

A007/ 013	10. Akte Hopp, Jäger, Gries 1962 -1966	Kirche in Harsefeld / Buxtehude, Renovierung 1966, Außenaufnahme

Fotos HAA_ORh_*

055.65-70_(0899)	Außenwand und Fenster im Bau
055.65-71_(0903)	Tafel mit Inschriften
055.65-74_(0900)	Außenwand und Fenster im Bau
055.65-79_(0901)	Außenwand und Fenster im Bau

055.65-84_(0902)	Bänke und zugemauerte Tür
055.66-1171_(0904)	Blick in Renovierung

4.3.66   Paul Gerhard-Kirche (1967 NW Rheine)

Fotos HAA_ORh_*

4.3.67   St.Petri (1967 NI Buxtehude /. Hannover?)

A005/ 003/ 25	6. Akte	Broschüre, St. Petri-Kirche Buxtehude. Bau u. Geschichte, Buxtehude 1975
A008/ 009-010	11. Akte	St. Petrikirche in Buxtehude 1965-68, Renovierung der Kirche und Turm. Luftbild, Innenaufnahmen, Richtfest?

Fotos HAA_ORh_*

055.63-910_(0884)	Fundamente Buxtehude
055.63-911_(0885)	Fundamente Buxtehude
055.63-912_(0886)	Fundamente Buxtehude
056.68-602_(0953)	Altarraum

056.68-603_(0954)	Seitenschiff
056.68-604_(0955)	Seitenschiff
056.68-605_(0956)	Seitenschiff zur Kanzel

4.3.68   Wallsbüll (1968 SH Wallsbüll/Flensburg)

A007/ 022	10. Akte Hopp, Jäger, Gries 1962 -1966	Kirche in Wallsbüll, vorhandener Zustand, Aufriss von Süden, 1968

Fotos HAA_ORh_*

009.68-624_(0292)	Altarraum mit Deckenmalerei
009.68-625_(0293)	Empore
056.68-623_(0960)	zentral

056.68-624_(0961)	Altarraum
056.68-625_(0962)	Orgelempore

4.3.69   Handewitt (1968 SH Handewitt/Flensburg)

A005/ 003/ 26	6. Akte	Broschüre, Unsere Kirche in Handewitt, 1984

Fotos HAA_ORh_*

4.3.70 Eggebek (1970 SH Eggebek/Flensburg)

Fotos HAA_ORh_*

4.3.71 Niendorf (1957-1963 HH Niendorf)

Fotos HAA_ORh_*

044.63-1346_(0701)	Glockenstuhl ???

044.57-951_(0700)	Friedhofskapelle

4.3.72 Baptisten Hamm (19xx NW Hamm)

A007/006	10. Akte Hopp, Jäger, Gries 1962 -1966	Baptistenkirche in Hamm / Westf, Außen- und Innenaufnahme, Lüden

Fotos HAA_Jäger_Lüden_*

N017.2834_(1050)	Innenraum ‚Kinogestühl'

N017.2834_(1056)	Innenraum ‚Kinogestühl'

5 Anhang von Auflistungen

5.1 Auflistung von Dateien zum Bestand B. Hopp

Zu den aufgelisteten Dateien sind in einer Excel-Datei (im xlsx-Format) auch für viele der digitalisierten PDF-Dateien die jeweiligen Inhalte pro Seite in einem separaten Registerblatt zusammengestellt. Das betrifft vor allem die Tagebücher, so dass dort jeweils nach Datum oder Inhalten gesucht bzw. auch z.T. gefiltert werden kann. – Allerdings sind bisher nicht alle Notizen zu den insgesamt über 7250 Tagen vermerkt.

Datei	digitalisiert
Beyer_1964_Masch_B_Hopp.pdf	liegt vor
Faulwasser_1934_WP_20151019_367.pdf	X
Hopp_1955_Masch_Bemerk_z_Faulwasser_Jacobi.pdf	X
Hopp_B_ 1943_Brandberichte.pdf	X
Hopp_B_ 1945-1954_Althamb_Bürgerhaus_eV.pdf	X
Hopp_B_ Fotos_u_anderes_WP_20151019_171.pdf	X
Hopp_B_ Gestaltung_Altarraum_WP_20151019_037.pdf	X

Hopp_B_ Grundschulzeugnisse_1900_b_1907.pdf	X
Hopp_B_ Notzeit_Währungsreform_WP_20151019_342.pdf	X
Hopp_B_ Symbole_WP_20151019_017.pdf	X
Hopp_B_ Zeichnungen_WP_20151019_081.pdf	X
Hopp_B_1961_Tradition_u_Gegenwart_WP_20151019_190.pdf	X
Hopp_B_Agentur_d_Rauhen_H_WP20151029_194.pdf	X
Hopp_B_Altarausstattungen_WP_20151019_277 .pdf	X
Hopp_B_Altargeräte_u_anderes_WP_20151019_144 .pdf	X
Hopp_B_Catharinen_1.pdf	X
Hopp_B_Catharinen_2.pdf	X
Hopp_B_Catharinen_allgemeines_WP_20151031_008.pdf	X
Hopp_B_Einzelne_Bilder_WP20151011_912.pdf	X
Hopp_B_Geräte_Rauhes_H_Danzig_WP20151029_120.pdf	X
Hopp_B_HEW_WB_Lehre_Meister_Hans-Jürgen_Edite_WP20151029_212.pdf	X
Hopp_B_Jacobi_1.pdf	X
Hopp_B_Jacobi_2.pdf	X
Hopp_B_Jacobi_3.pdf	X
Hopp_B_Jacobi_4_Vorplatzkarten_WP20151029_001.pdef	X
Hopp_B_Jacobi_5_Turmschema.pdf	X
Hopp_B_Margarethe_Beyer_WP_20151011_863.pdf	X
Hopp_B_Paramente_Symbole_WP_20151019_206.pdf	X
Hopp_B_Poesie_Pringal_WP_20151011_919.pdf	X
Hopp_B_Poesiealbum_d_Mutter_u_Texte_Hopp_WP_20151011_802.pdf	X
Hopp_B_Siebengebirgsreise_Selecta_WP_20151011_764.pdf	X
Hopp_B_Tagebuch_1936-10-15_bis_1937-04-15_WP_20151006_007.pdf	X
Hopp_B_Tagebuch_1937-04-15_bis_1937-10-10_WP_20151006_102.pdf	X
Hopp_B_Tagebuch_1937-10-11_bis_1938-04-07_WP_20151006_200.pdf	X
Hopp_B_Tagebuch_1938-04-22_bis_1938-10-15_WP_20151004_008.pdf	X
Hopp_B_Tagebuch_1938-10-16_bis_1939-09-08_WP_20151006_300.pdf	X
Hopp_B_Tagebuch_1939-09-09_bis_1940-03-10_WP_20151006_396.pdf	X
Hopp_B_Tagebuch_1940-03-11_bis_1940-11-20_WP_20151006_493.pdf	X
Hopp_B_Tagebuch_1944_und_1948_WP_20151007_002.pdf	X
Hopp_B_Tagebuch_1945_und_1946_WP_20151007_056.pdf	X
Hopp_B_Tagebuch_1948_u_1949_WP_20151007_119.pdf	X
Hopp_B_Tagebuch_1949_WP_20151007_163.pdf	X

Hopp_B_Tagebuch_1950_Merkb_WP_20151007_344.pdf	X
Hopp_B_Tagebuch_1950_WP_20151007_276.pdf	X
Hopp_B_Tagebuch_1951_Merkb_WP_20151007_416.pdf	X
Hopp_B_Tagebuch_1952_Kalender_WP201510_038.pdf	X
Hopp_B_Tagebuch_1953_Kalender_WP201510_235.pdf	X
Hopp_B_Tagebuch_1954_Kalender_WP201510_430.pdf	X
Hopp_B_Tagebuch_1955_Kalender_WP201510_623.pdf	X
Hopp_B_Tagebuch_1956_Kalender_WP201510_710.pdf	X
Hopp_B_Tagebuch_1957_Kalender_WP201510_794.pdf	X
Hopp_B_Tagebuch_1958_Kalender_WP201510_987.pdf	X
Hopp_B_Tagebuch_1959_Kalender_WP201511_001.pdf	X
Hopp_B_Tagebuch_1960_Kalender_WP201511_191.pdf	X
Hopp_B_Tagebuch_1961_Kalender_WP201511_404.pdf	X
Hopp_B_Tagebuch_1962_Kalender_WP201511_616.pdf	X
Hopp_B_Unteroffizier_1914-1918_WP20151011_777.pdf	X
Hopp_B_Urkunden_Ahnentafeln_WP20151029_415.pdf	X
Hopp_B_Wanderschaft_1910u1911.pdf	X
Hopp_B_Werkstätte_f_kirchl_Kunst_WP20151029_001.pdf	X
Hopp_Edite_Fortsetzung_zu_Erinnerungen_an_Rothenburgsort.pdf	X
Hopp_Edite_WP_20151019_184.pdf	X
KG_StLukas_Fuhlsbuettel_1963_FS_70_Jahre.pdf	X
Klee-Gobert_Gerhardt_1950_St_Jacobi.pdf	X
Koch_Kredel_1932_Christliche_Symbole_WP_20151019_269.pdf	X
Pappschachtel Hamburger Golddukat der Ev.-Luth. Kirche (ohne Inhalt)	
Rosenberg Emaille-Kreuze 1930	
Symbol_u_Form.pdf	liegt vor
Wendt_1852_Geschichte_d_Thurms_d_St_Catharinenk.pdf	X

5.2 Auflistung von Dateien zum Bestand G. Hopp

Zu den aufgelisteten Dateien sind in einer Excel-Datei (im xlsx-Format) auch die jeweiligen Inhalte pro Seite der digitalisierten PDF in einem separaten Registerblatt zusammengestellt, so dass nach Inhalten gesucht bzw. auch gefiltert werden kann.

Datei	digitalisiert
Hopp_G_Album_1.pdf	x
Hopp_G_Album_2.pdf	x
Hopp_G_Album_3.pdf	x

Hopp_G_Album_4.pdf	x
Hopp_G_Korbkiste_2015-06-10.pdf	x
Hopp_G_Unter_d_Bett_2015-09-18.pdf	x
Hopp_G_Unter_d_Couch_2015-07-21.pdf	x
Hopp_G_Unter_d_Sekretär_2015-09-02.pdf	x
Hopp_G_Weihnachten_1947_ihrer_lieben_Mutter_WP_20150920_003.pdf	X
Hopp_B_1943ff_Briefakte_privat_WP_20150701_001ff.pdf	X
Hopp_B_1946_Masch_Denkmalpflege_WP_20150618_024ff.pdf	X
Hopp_B_1952-59_Briefakte_privat_WP_20150618_150ff.pdf	X
Hopp_B_1960-62_Briefakte_privat_WP_20150618_039ff.pdf	X

5.3 Auflistung zum Bestand R. Jäger im HAA

Die folgende Tabelle stellt einen Datenbankauszug des HAA dar, den Herr Karl Heinz Hoffmann auf der Basis derjenigen Liste von E. Jäger zum Nachlass von Rudolf Jäger für das HuJ-Projekt erstellt hat. Sie beinhaltet sowohl die Akten als auch die Listen zum Bestand ‚HAA_Jäger_Lüden' unter den Signaturen N001 bis N109:

neue Signatur	alte Signatur	Beschreibung
A001	1.Akte Architekten Hopp, Jäger, Gries, Dr. Brunzema	Architekten Hopp, Jäger, Gries, Dr. Brunzema
		- Inhaltsverzeichnis
		- Anmerkungen zum Nachlass
		- Erklärung Mechthild Jäger
		- Literaturliste
A002	2. Akte Architekt Dipl. Ing. Rudolf Jäger 1903-1978	Architekt Dipl. Ing. Rudolf Jäger 1903-1978
		- Lebensdaten, Fotos
		- Nachrufe (1978-1983)
		- Anzeigen
		Briefe
		- BDA Beitritt, Hochhäuser Grindelberg, Arch. Fragen
		- Bekennende Kirche (1933-1945)
		Diplom, Arbeitsnachweise
		- DCSV (1924-1928)
		- BK-Bibelkreis (1920-1933)
		- Ehefrau Mechthild Jäger geb. Stakemann (1915-2011), Lebensgeschichte

		Architekt Dipl.Ing Rudolf Jäger 1903-1978
A003	3. Stehordner Architekt Dipl.Ing Rudolf Jäger 1903-1978	- Zupfgeigenhansel (Liederbuch des Bibelkreises BK)
		- Fotoalbum BK (CVJM-Bibelkreis, Ferienlager 1920 Schäferhof/ Pinneberg)
		- Fotoalbum DCSV 1924-28 (Deutsche Christi. Studentenvereinigung)
A004	4.a Akte Rudolf Jäger	Rudolf Jäger- Alterszeichnungen ca. 1970 -1976
	6. Akte	Architekten Hopp*Jäger 1935-1961
A005	Architekten Hopp*Jäger 1935-1961	- Werkverzeichnis
		- Veröffentlichungen
		Mitarbeiter/ innen
		Historische Fotosammlung (Lübeck, Hamburg , Altona)
A005/ 001	6. Akte	Werkverzeichnis 1935-1974
A005/ 002	6. Akte	Mitarbeiter/innen u.a. Zeugnis für Heinrich Steinfath
A005/ 003	6. Akte	Veröffentlichungen
A005/ 003/ 01	6. Akte	Architektur in Hamburg Jahrbuch 2010. Hamburgs " Unter den Linden" - Die Geschichte der Esplanade, Kopie
A005/ 003/ 02	6. Akte	ZA. Hamburger Abendblatt, 27.12. 2010. Manhattan an der Elbe (Grindelhochhäuser)
A005/ 003/ 03	6. Akte	ZA Hamburger Abendblatt 18./19. Dezember 2010. Gotteshaus sucht neue Funktion. (St. Stephanus-Kirche in Eimsbüttel)
A005/ 003/ 04	6. Akte	ZA FAZ 17.6.2010 Streifzüge. Born. Bilderstürmerei auf der Halbinsel (Fischerkirche in Born)
A005/ 003/ 05	6. Akte	Broschüre u.a. "Die Kirchen auf dem Darß" (Fischerkirche in Born)
A005/ 003/ 06	6. Akte	Die Altstädter Nicolaikirche in Bielefeld. Chronologie
A005/ 003/ 07	6. Akte	Betr.: Denkmalratssitzung vom 17. August 1992. Christuskirche Wandsbek
A005/ 003/ 08	6. Akte	Denkmalpflege Hamburg. Vom Umgang mit kirchlichen Ruinen. Symposium und Ausstellung, Hamburg 1992
A005/ 003/ 09	6. Akte	ZA db2/2000, Grindelhochhäuser in Hamburg 1947-1956 ...in die Jahre gekommen. Architekten: Arbeitsgemeinschaft Grindelberg
A005/ 003/ 10	6. Akte	ZA Bauwelt 8 / 2009. Ausstellung. Christenkreuz und Hakenkreuz / Kirchenbau und sakrale Kunst im Nationalsozialismus (Lutherkirche im Heimatschutzstil)
A005/ 003/ 11	6. Akte	ZA Stader Tageblatt, 5. Dezember 2006. 50-Jähriges unter vollem Geläut. Johannis-Gemeinde feiert Jubiläum
A005/ 003/ 12	6. Akte	Broschüre. 50 Jahre und kein bisschen leise... Kirchweihfest 50 Jahre Johanniskirche 1956-2006 (Stade)

A005/ 003/ 13	6. Akte	ZA, Rund um Johannis. Kirchweih -50 Jahre Johanniskirche (Stade)
A005/ 003/ 14	6. Akte	Broschüre, 50 Jahre Baugeschäft Günther Weichmann, 5. April 1933 - 5. April 1983
A005/ 003/ 15	6. Akte	Broschüre. 50 Jahre Markuskirche, Festschrift. (Osnabrück)
A005/ 003/ 16	6. Akte	Broschüre. Aus der Geschichte Klein Borstels von Dr. Kurt Detlev Möller, Hamburg 1954 (darin Maria-Magdalenen Kirche von Hopp und Jäger)
A005/ 003/ 17	6. Akte	Gemeindebrief März/ April 1983 Nr. 120. Evangelisch-lutherische Christophorusgemeinde Hummelsbüttel. 30 Jahre Christophoruskirche zu Hamburg-Hummelsbüttel
A005/ 003/ 18	6. Akte	ZA o.A., 5. Januar 1984. 350 Jahre Wandsbeker Kirche - Eine Gemeinde baut viermal ein Gotteshaus
A005/ 003/ 19	6. Akte	Sonderdruck: Hauptkirche St. Jacobi, Hamburg 1978. Dei Denkmäler. Gemeinschaft mit Toten und Vollendeten
A005/ 003/ 20	6. Akte	Faltblatt, Die Hauptkirche St. Katharinen in Hamburg
A005/ 003/ 21	6. Akte	ZA, Hamburger Abendblatt, 24.25. Juli 1983 Operation Gomorrha... Bernhard Hopp schildert die Zerstörung von St. Katharinen
A005/ 003/ 22	6. Akte	ZA, o.A. Landesbischof Dr. D. Lilje in Stade. Besichtigung des Kirchen-Bauvorhabens in der Stader Neustadt
A005/ 003/ 23	6. Akte	Typoskript, Kopie, 240 Jahre Christianskirche (Ottensen)
A005/ 003/ 24	6. Akte	ZA, Kopie, Stormarnspiegel 75/ 87 April-Mai. Vor fünfzig Jahren: Die Lutherkirche in Wellingsbüttel wurde erbaut
A005/ 003/ 25	6. Akte	Broschüre, St. Petri-Kirche Buxtehude. Bau u. Geschichte, Buxtehude 1975
A005/ 003/ 26	6. Akte	Broschüre, Unsere Kirche in Handewitt, 1984
A005/ 003/ 27	6. Akte	Broschüre, St. Marien in Flensburg, 1984
A005/ 003/ 28	6. Akte	Broschüren, Postkarte. 50 Jahre Christuskirche Mürwik
A005/ 003/ 29	6. Akte	Broschüre. Wenzel Lohff, Das kleine Kirchenbuch der Hauptkirche St. Jacobi Hamburg, 1978
A005/ 003/ 30	6. Akte	ZA, o.A. Haus Jäger Hamburg mit Abbildungen und Grundriss
A005/ 003/ 31	6. Akte	Blatt "architektenarbeitsgemeinschaft grindelberg" aus Katalog "Eine Stadt braucht Luft" 1995
A005/ 003/ 32	6. Akte	Broschüre, Maria Magdalenen zu Hamburg-Klein Borstel 1938 bis 1963
A005/ 003/ 33	6. Akte	Postkarten, Fischerkirche in Born, außen, innen
A005/ 003/ 34	6. Akte	Broschüre, Die Kirchen auf dem Darß, o.D.
A005/ 003/ 35	6. Akte	Broschüre, Symbol und Form, o.D.
A005/ 003/ 36	6. Akte	Broschüre Die Kirchen auf dem Darß, darin: Die Borner Kirche
A005/ 004/ 01-30	6. Akte	30 Fotos Palmaille, Altona, sw. Innen- und Außenaufnahmen

A005/ 005/ 01-20	6. Akte	20 Fotos Lübeck, sw, o.A., o.D.
A005/ 006/ 01	6. Akte	Alt-Hamburg, Catharinenstraße von Westen, Aquarellierte Federzeichnung von Joh. Niebuhr. Sammlung Th. Holzmann, Repro sw
A005/ 006/ 02	6. Akte	Alt-Hamburg, Steckelhörn von Süden, Bleizeichnung von Ebba Thesdorpf, Sammlung des Museums für Kunst und Gewerbe, Repro sw
A005/ 006/ 03	6. Akte	Alt-Hamburg, Beim Zippelhaus von Osten, Bleizeichnung von Edda Thesdorpf, Sammlung des Museums für Kunst und Gewerbe
A005/ 006/ 04	6. Akte	Alt-Hamburg, Catharinenkirchhof von Norden, Lithographie von Wilh. Heuer. Sammlung Holzmann
A005/ 006/ 05	6. Akte	Alt-Hamburg, Catharinenufer von der Holzbrücke, Repro
A005/ 006/ 06	6. Akte	Alt-Hamburg, Mühlenbrücke und Burstah, Lithographie von P. Suhr, s Sammlung Th. Holzmann, Repro
A005/ 006/ 07	6. Akte	Alt-Hamburg, Hohebrücke und Deichstraßenufer. Kupferstich von Joh. Dieter. Fos. Sammlung Th. Holzmann, Repro
A005/ 006/ 08	6. Akte	Alt-Hamburg in den Befestigungsanlagen, Stich, Repro
A005/ 006/ 09	6. Akte	Alt-Hamburg, Lageplan der frühesten Umgebung der Katharinen-Kapelle (1840), Repro
A005/ 006/ 10	6. Akte	Altona, Nobistor, Gemälde von Kaulbach, Repro sw
A005/ 006/ 11	6. Akte	Alt-Hamburg, Blick vom Brook auf Zollkanal und Straße Bei den Mühren Nr. 51, erbaut 1680/ 90
A005/ 006/ 12	6. Akte	Alt-Hamburg, Nikolaifleet (Alsterlauf) im Hintergrund die Holzbrücke, links Deichstaße, rechts Cremon, Foto: Thea Warncke
A005/ 006/ 13	6. Akte	Alt-Hamburg, Nikolaifleet mit St. Katharinen. Rückseite Grimm, rechts Steckelhörnfleet, Foto: Thea Warncke
A005/ 006/ 14	6. Akte	Alt-Hamburg, Blick vom Brook auf Zollkanal und Straße Bei den Mühren, Foto: Thea Warncke
A005/ 006/ 15	6. Akte	Alt-Hamburg, Herrengrabenfleet / Bleichenfleet, Ellerntorbrücke, Foto: Thea Warncke
A005/ 006/ 16-34	6. Akte	Alt-Hamburg, Gängeviertel, Foto: Thea Warcke
A005/ 006/ 35-37	6. Akte	Alt-Hamburg, Gängeviertel, Abbruchgebiet. Rademachergang Nr. 41. Kugelsort-Schulgang. Ebräergang von Kugelsort
A006	5. Akte	Architekten Hopp+Jäger 1935-1961
	Architekten Hopp+Jäger 1935-1961	- Werkverzeichnis 1935-1978
	- Projekte Fotos	
A006/ 001	5. Akte	Werkverzeichnis Bernhard Hopp, Rudolf Jäger ab 1.1.1962 Bernhard Hopp, Rudolf Jäger, Johannes Gries, ab 1.1.1967 Rudolf Jäger, Johannes Gries, Daniel Brunzema

		aufgestellt am 28. 09. 1979
A006/ 002	5. Akte	Erweitertes Werkverzeichnis aufgestellt von Emmerich Jäger am 23.03.2011
A006/ 003	5. Akte	Entwurf Firmenschild "Architekten Bernhard Hopp Dipl. Ing. Rudolf Jäger, Hamburg, Königstr. 14-19..."
A006/ 004	5. Akte	Portrait Bernhard Hopp, staatliche Landesbildstelle Hamburg, Fotograf: Fritz Kempe
A006/ 005	5. Akte	Kopie Fritz Kempe, Bernhard Meyer-Marwitz "Hamburger. Versuch einer Topographie" mit Kurzbiografie zu Bernhard Hopp
A006/ 006	5. Akte	Kopie Prortait Bernhard Hopp
A006/ 007	5. Akte	Programm Trauerfeier für Bernhard Hopp am 24.09.1962 in der Lukaskirche in Fuhlsbüttel (Druck)
A006/ 008	5. Akte	Foto Bernhard Hopp und Rudolf Jäger ca. 1959
A006/ 009	5. Akte	Foto, Wettbewerb Ehrenmal am Hamburger Rathausmarkt, 1930, Repro perspektivische Darstellung
A006/ 010-013	5. Akte	Kirche in Born auf dem Darß, 1935, 3 Fotos auf Karton, Repros
A006/ 014	5. Akte	St. Jügen-Kapelle List / Sylt, Foto auf Karton, Foto: Rheinländer
A006/ 015-017	5. Akte	St. Jügen-Kapelle List / Sylt, Planrepros, April 1935
A006/ 018	5. Akte	Kirche in Münster / Westfalen, Fotos auf Karton
A006/ 019-022	5. Akte	Umbau der St. Petri Kirche in Mulsum / Stade, 1935, Fotos auf Karton, Planrepro Altar, Bildhauerarbeiten: Bernhard Hopp
A006/ 023-026	5. Akte	Leuchter, Kreuz, Taufbecken, Lesepult, Fotos auf Karton, Foto: Lüden
A006/ 027	5. Akte	Kirche in Wellingsbüttel 1938, Kreuz, Messgeschirr, Innenaufnahme, Fotos auf Karton, Foto: Rheinländer
A006/ 028	5. Akte	Kirche in Hamburg-Berne, Foto auf Karton, Foto: Rheinländer
A006/ 029	5. Akte	Kirche in Balje / Stade 1937, Postkarte
A006/ 030	5. Akte	Lukaskirche in Hamburg-Fuhlsbüttel, 1938, Fotos auf Karton, Foto: Rheinländer
A006/ 031	5. Akte	Grabstein für Margarete Wacker, gest. 1942Foto
A006/ 032-035	5. Akte	Wiederaufbau der Hauptkirche St. Katharinen in Hamburg ab 1945, Bestand, Richtfest, Außenaufnahme 1958 (Rheinländer), Planrepros von Skizzen zur Kanzel Fotos auf Karton, Foto: Lüden / Rheinländer
A006/ 036-039	5. Akte	Wiederaufbau Christianskirche In Hamburg-Altona, 1946-1952, Außenaufnahme (Repro), Innenaufnahmen auf Karton, Foto: Rheinländer
A006/ 040-041	5. Akte	Kirche in Pötrau / Büchen 1950, Fotos auf Karton, Foto: Rheinländer
A006/ 042-045	5. Akte	Kapelle der Siebten Tag Adventisten, Grindelallee, 1952, Fotos auf Karton, Foto: teilw. Lüden
A006/ 046-050	5. Akte	Christuskirche Hamburg-Wandsbek, Bestandsaufnahmen, Modellfotos auf Karton, Foto: teilw. Lüden
A006/ 051-052	5. Akte	Auferstehungskirche in Hamburg-Lurup, 1954 Fotos auf Karton, außen, innen, Einweihung, Foto: teilw. Rheinländer

A006/ 053	5. Akte	Kirchenbaracke Hamburg-Wentorf, 1955, Glocken, Umgebung, Foto: Lüden
A006/ 054-55	5. Akte	Lindenhof Sarepta, Bethel / Bielefeld, 1956, Foto: teilw. Rheinländer
A006/ 057-60	5. Akte	Christophoruskirche in Hamburg-Hummelsbüttel 19-56-57, außen, innen Foto Rheinländer, Planrepros Schnitt und Altar
A006/ 061	5. Akte	Kirche in Soest in Westfalen?, Repros
A006/ 062	5. Akte	Krankenhaus in Lengerich, Modell, 1957
A006/ 063	5. Akte	Kirche in Hamburg-Fuhlsbüttel-Süd, Am Maienweg, Zeichnungen Bernahrd Hopp, Repros
A006/ 064-065	5. Akte	Omnibuswerkstatt Kässbohrer Hamburg, Personenaufnahme mit Rudolf Jäger, Baustelle, 1958
A006/ 066-068	5. Akte	Johanneskirche Hamm / Westfalen, 1958, außen, innen, Messgeschirr u.a. Foto: teilw. Rheinländer
A006/ 069-071	5. Akte	Johanniskirche in Stade, Turmbauten, 1954?, Planrepros Ansichten, Modellfotos, außen, innen Foto. Teilw. Rheinländer
A006/ 072-073	5. Akte	Bebauung der Cremoninsel / Hamburg, Modell Wettbewerb, Planrepro, Foto: Lüden
A006/ 074-088	5. Akte	Wiederaufbau der Hauptkirche St. Jacobi in Hamburg, Modellfotos Turmvarianten, Turmrichtfest: Personenaufnahmen: Hopp und Jäger, Bürgermeister Brauer, Bischof Witte, Planrepros Turm und Grundrisse, Kontaktabzüge Details Seitenschiff, 1957-59
A006/ 089-090	5. Akte	Bebauungsvorschlag des Jacobi-Friedhofs in Hamburg-Wandsbek (Eilbek?), Modell, Planrepro Arbeitsgemeinschaft Ostermeyer, Hopp und Jäger
A006/ 091	5. Akte	Kirche in Wolfsburg, Wettbewerb ca. 1960, Modellfotos, Foto: Lüden
A006/ 092	5. Akte	Einweihung der St.-Nikolaikirche, Hamburg-Wilhelmsburg, 1959, außen, Personenaufnahmen: Rud. Jäger und Bischof ?
A006/ 093-94	5. Akte	Auferstehungskirche in Hamburg-Schmalenbek, 1960, Planrepros
A006/ 095	5. Akte	Wettbewerb(?) Kirche in Farmsen, Modellfotos
A006/ 096-098	5. Akte	Dreifaltigkeitskirche Hamburg-Hamm, Planrepros
A006/ 099-102	5. Akte	Hauptkirche St. Nikolai, Hamburg, Wettbewerb, Modellfotos und Planrepros
A006/ 103	5. Akte	Bebauung Domplatz Hamburg, Wettbewerb, Modellfotos, Foto: Lüden
A006/ 104-108	5. Akte	Renovierung St. Marien in Flensburg 1960, Außendetail, Innenaufnahmen, Foto: Rheinländer
A006/ 109	5. Akte	St. Johanniskirche, Flensburg-Adelby, Postkarten
A006/ 110-111	5. Akte	Kirche in Bargstedt / Buxtehude, 1959-61, Modell (Lüden) und Außenaufnahmen (Rheinländer)
A006/ 112-121	5. Akte	Altstädter Nicolaikirche Bielefeld, 1959-62, Planrepros, Modellfotos, Montagen Turmvarianten, Außenaufnahme, Innenaufnahmen, Fotos: Lüden, Rheinländer
A006/ 122	5. Akte	Pauluskirche in Hamm / Westf. Planrepro, Außenaufnahme, Foto: teilw Lüden
A006/ 123	5. Akte	Neue Kreuzkirche in Wiesbaden, Wettbewerb, Planrepros, Foto: Lüden

A006/ 124-125	5. Akte	Kirche in Hamburg-Osdorf, Wettbewerb, Planrepros, Foto: Lüden
A006/ 126	5. Akte	Diakonie-Ausbildungsstätte Falkenburg / Delmenhorst / Kreis Syke, Renovierung und Neubau mit Pfarrhaus für Pastor O. Stakemann, 1961-9167
A006/ 127-130	5. Akte	Flensburg-Mürwik, Gemeindezentrum, 1959-62, Planrepros; Modellfotos, (Lüden). Außen-, Innenaufnahmen, Rheinländer
A006/ 131	5. Akte	Modellfoto, unbekannt
A006/ 132-133	5. Akte	Kirche in Groß Borstel, Modell Vorplanung, Modell Wettbewerb, Foto: Lüden
A006/ 134	5. Akte	Polizeipräsidium Hamburg, Wettbewerb, Planrepros, Foto: Lüden
A006/ 135-136	5. Akte	Kirchliches Zentrum Hamburg-Langenfelde, Planrepros
A006/ 137-139	5. Akte	Planrepros Modell u.a. unbekannt
A007/ 001	10. Akte Hopp, Jäger, Gries 1962 -1966 - Projekte Fotos	Christuskirche in Hamburg-Eidelstedt, 1962 Foto Rheinländer 62/ 738
A007/ 002	10. Akte Hopp, Jäger, Gries 1962 -1966 - Projekte Fotos	Kirche in Hamburg-Eidelstedt, Modell, Innenraumperspektive, Repros, Lüden
A007/ 003	10. Akte Hopp, Jäger, Gries 1962 -1966 - Projekte Fotos	Kirche in Fredenbek / Stade, 1962, Modell
A007/ 004	10. Akte Hopp, Jäger, Gries 1962 -1966 - Projekte Fotos	Christuskirche in Hamburg-Eidelstedt, 1962, Turmvarianten im Modell, Lüden
A007/ 005	10. Akte Hopp, Jäger, Gries 1962 -1966 - Projekte Fotos	Lukaskirche in Münster/ Westf. ?, Innenaufnahme
A007/ 006	10. Akte Hopp, Jäger, Gries 1962 -1966 - Projekte Fotos	Baptistenkirche in Hamm / Westf, Außen- und Innenaufnahme, Lüden
A007/ 007-008	10. Akte Hopp, Jäger, Gries 1962 -1966 - Projekte Fotos	Markuskirche Osnabrück, 1963, Modellaufnahmen
A007/	10. Akte	St. Michaeliskirche in Rothenburg / Wümme 1963-66,

009	Hopp, Jäger, Gries 1962 -1966 - Projekte Fotos	Modellaufnahmen, Lüden
A007/ 010	10. Akte Hopp, Jäger, Gries 1962 -1966 - Projekte Fotos	Renovierung St. Johanneskirche in Adelby / Flensburg, 1964, Außen- und Innenaufnahme
A007/ 011	10. Akte Hopp, Jäger, Gries 1962 -1966 - Projekte Fotos	Kirche in Albersdorf / Holstein, Modellaufnahmen Turmvarianten 1965, Lüden
A007/ 012	10. Akte Hopp, Jäger, Gries 1962 -1966 - Projekte Fotos	Friedenskirche in Hamburg-Berne, 1965, Außen- und Innenaufnahme, Rheinländer
A007/ 013	10. Akte Hopp, Jäger, Gries 1962 -1966 - Projekte Fotos	Kirche in Harsefeld / Buxtehude, Renovierung 1966, Außenaufnahme
A007/ 014	10. Akte Hopp, Jäger, Gries 1962 -1966 - Projekte Fotos	Thomaskirche und Gemeindehaus in Hamburg-Bramfeld, Haldesdorfer Straße, 1966, Außenaufnahme, Rheinländer
A007/ 015	10. Akte Hopp, Jäger, Gries 1962 -1966 - Projekte Fotos	Kirche in Eimsbüttel, Modell Wettbewerb?, Lüden
A007/ 016	10. Akte Hopp, Jäger, Gries 1962 -1966 - Projekte Fotos	Christuskirche in Hamburg-Othmarschen, Missionshaus, Vorentwurf, Modellaufnahmen
A007/ 017	10. Akte Hopp, Jäger, Gries 1962 -1966 - Projekte Fotos	Hallenbad in Kassel Wettbewerbsentwurf, Planrepros und Modellaufnahme, Lüden
A007/ 018	10. Akte Hopp, Jäger, Gries 1962 -1966 - Projekte Fotos	Stadthalle Neumünster, Wettbewerb, Modellaufnahmen
A007/ 019	10. Akte Hopp, Jäger, Gries 1962 -1966 - Projekte Fotos	Modellaufnahmen, unbekannt, Lüden
A007/	10. Akte	Wohnungen für die SAGA, Hamburg-Eimsbüttel, Sandweg,

020	Hopp, Jäger, Gries 1962 -1966 - Projekte Fotos	1968?, Rheinländer R 59/ 434 (laut Signatur Rheinländer 1959)
A007/ 021	10. Akte Hopp, Jäger, Gries 1962 -1966 - Projekte Fotos	"Von den grauen Vorstadtslums zur modernen Stadt im Grünen"; Kopie aus: Katalog zur Ausstellung "Zellen gesunder neuer Bauweise". Wohnsiedlungen der Nachkriegszeit im Stadtteil Eimsbüttel. Herausgegeben von der Galerie Morgenland / Geschichtswerkstatt Eimsbüttel
A007/ 022	10. Akte Hopp, Jäger, Gries 1962 -1966 - Projekte Fotos	Kirche in Wallsbüll, vorhandener Zustand, Aufriss von Süden, 1968
A007/ 023	10. Akte Hopp, Jäger, Gries 1962 -1966 - Projekte Fotos	Besondere Vertragsbestimmungen (66)
A007/ 024	10. Akte Hopp, Jäger, Gries 1962 -1966 - Projekte Fotos	Anmerkung von Emmerich Jäger betre. Altstädter Nikolaikirche, Bielefeld, 29.11. 2010
A007/ 025	10. Akte Hopp, Jäger, Gries 1962 -1966 - Projekte Fotos	Mappe mit Zeichnungen, Skizzen und Bestandsfotos zur Altstädter Nicolaikirche in Bielefeld; Baubeschreibung Riegelanbau Altstädter Nicolaikirche in Bielefeld, 1. Fassung, 3. Fassung 22.2.1962
A008	11. Akte	Architekten Jäger, Gries, Dr. Brunzema 1967-1978
		- Werkverzeichnis 1935-1978
		Erweitertes Werkverzeichnis (E. Jäger)
		- Projekte
		- Fotos
		Mitarbeiter-innen
		- Veröffentlichungen
		Redenotiz (1.7.1975) von Rud. Jäger zum 40. Jahrestag der Gründung des Büros
		(Übersetzung M. Jäger)
		- Briefe
		Gutachten
		- Anzeigen
A008/ 001	11. Akte	Werkverzeichnis 1935-1978, aufgestellt 20.09.1979
A008/ 002	11. Akte	Erweitertes Werkverzeichnis, aufgestellt von Emmerich Jäger am 23.03.2011
A008/ 003	11. Akte	Besondere Vertragsbestimmungen (72)

A008/ 004-008	11. Akte	Ev. Studentengemeinde, Landeskirchliche Bibliothek, Personenfotos Rudolf Jäger, Dr. Brunzema, Baustelle Hochhaus, Modellfotos, Repro Grundriss EG, Repro Ansicht
A008/ 009-010	11. Akte	St. Petrikirche in Buxtehude 1965-68, Renovierung der Kirche und Turm. Luftbild, Innenaufnahmen, Richtfest?
A008/ 010	11. Akte	Modellaufnahmen, unbekannt, Lüden
A008/ 011	11. Akte	Modellaufnahmen, unbekannt, Lüden
A008/ 012	11. Akte	Modellaufnahmen, unbekannt, Lüden
A008/ 013	11. Akte	Modellaufnahmen, unbekannt, Lüden
A008/ 014	11. Akte	Modellaufnahmen, unbekannt, Lüden
A008/ 015	11. Akte	Modellaufnahmen, unbekannt, Lüden
A008/ 016	11. Akte	Erinnerungsprotokoll über Mitarbeiter im Büro Jäger, Gries Dr. Brunzema aufgestellt am 25.06.2013 v. Emmerich Jäger
A008/ 017	11. Akte	Glückwunsch an Rudolf Jäger zum Geburtstag mit Unterschriften der Mitarbeiter, 9.8.76
A008/ 018	11. Akte	Der Gigant, Gedicht vom Büro zum Julklapp
A008/ 019	11. Akte	Betriebsfahrt Scharbeutz 1975, Elbe-Fahrt
A008/ 020	11. Akte	Broschüre, FHH, Baubehörde. Auszeichnung vorbildlicher Bauten, Projekt 70, E14, Studentenheim Grindelallee
A008/ 021	11. Akte	Zielplanung Bethel Tei A. Untersuchung der derzeitigen Struktur der Patienten in Bethel und Tendenzen für die weitere Entwicklung. Architekten BDA Dipl. Ing. R. Jäger, J. Gries, Dr.Ing Brunzema, 1971
A008/ 022	11. Akte	Wettbewerb Altersheim Othmarschen, Schriftwechsel, Erläuteungsbericht, 1969/ 70
A008/ 023	11. Akte	Gedanken zum 1. Juli 1975 im Kreis der Mitarbeiter des Büros Jäger, Gries, Dr. Brunzema, 5 Seiten
A008/ 024	11. Akte	Brief an Mechthild Jäger betr. Namensänderung des Büros nach dem Tod von Rudolf Jäger
A008/ 025	11. Akte	10 Jahre Bethesda Bad Salzuflen (Programm)
A008/ 026/ 01-12	11. Akte	Korrespondenz mit Frau Jäger, Dr. Brunzema, Gries, 1984-1989
A008/ 027	11. Akte	Nachruf auf Jo Gries bei der Trauerfeier am 15.4. 1993 in der Friedhofskirche in Soderstorf (von Herbert Wohlhüter, Leiter der Betheler-Anstalten
A008/ 028	11. Akte	Totenbrief Jutta Gries, geb. 14. März 1926, gest. 4. September 1993
A008/ 029	11. Akte	Korrespondenz, Brunzema an Frau Jäger1993-94
A008/ 030	11. Akte	Verabschiedung von Dr. Brunzema aus dem Büro am 31.03.2001
A008/ 031/ 1-2	11. Akte	Werkübersicht mit Abbildungen von Dr. Ing. Daniel Brunzema, Dipl. Ing. Burkhard Bunge, Dipl. Ing. Thomas Otte
A008/ 032/ 1-6	11. Akte	Korrespondenz Frau Jäger, Liesbeth + Daniel Brunzema 1995-2001

A008/ 033	11. Akte	Todesanzeige Dr. Ing. Brunzema geb. 31.3.1930, gest. 12.11.2009
A008/ 034	11. Akte	Totenbrief Dr. Ing. Daniel Brunzema
A009/ 001	14. Stehordner Dokumente	Wiederaufbauvorschlag von Konstanty Gutschow vom September 1945, E 9 - Wiederherstellungsgebiete
A009/ 002	14. Stehordner Dokumente	Bernhard Hopp, Erinnerungen an Rothenburgsort, 1962
A009/ 003	14. Stehordner Dokumente	- Hermann Junker, Malerfreund von Bernhard Hopp und Rudolf Jäger, Fotos mit Brief von R.J.Ehlers an M. Jäger v. 1983 .Einladung Ausstellung 1983 in Winsen
B001	12. Gemälde, Bilder, Fotos	Portrait Rudolf Jäger von Hermann Junker (ohne Datum, ca. 1960-70), im Rahmen
B002	12. Gemälde, Bilder, Fotos	Aquarell Regensburg von Bernhard Hopp 1952, im Rahmen
B003	12. Gemälde, Bilder, Fotos	Zeichnung Einmündung Gerhofstraße vom Gänsemarkt von A.PH. Koch ca. 1960 (?) (Im Hintergrund die Außenwand des Streits-Hofes an der Poststr. mit den Büroräumen im 5. Stock –Dachgeschoss - von den Architekten Hopp und Jäger) Geschenk zum 1. Juli 1975 zum 40 jährigen Jubiläum
B004	12. Gemälde, Bilder, Fotos	Aquarell Besigheim, Rudolf Jäger, 1925, hinter Glas
B005/ 1-3	12. Gemälde, Bilder, Fotos	Kapelle in Born auf dem Darß, außen, innen Fotos sw auf Karton, 1935
B006	12. Gemälde, Bilder, Fotos	Schossgartenhotel in Stuttgart, Grundrisse, Planrepros auf Karton
	8. Stehordner - Diasammlung Rudolf Jäger	
D001	Diasammlung RJ	Kirche in Niendorf
D002-D007	Diasammlung RJ	Kirche in Lurup
D008	Diasammlung RJ	Christianskirche Hamburg
D009-D013	Diasammlung RJ	Christuskirche Wandsbek
D014	Diasammlung RJ	Lukas Kirche, Hamburg
D015-D016	Diasammlung RJ	St. Katharinen Hamburg, Fenster, Altar
D017-D020	Diasammlung RJ	Münster Matthias Kapelle

D021	Diasammlung RJ	St. Jacobi Hamburg, Turm
D022-D025	Diasammlung RJ	Kirche Fuhlsbüttel Süd
D026	Diasammlung RJ	Kirche Wilhelmsburg, innen
D027-D030	Diasammlung RJ	Kirche Wellingsbüttel, innen
D031-D033	Diasammlung RJ	Kirche in Hummelsbüttel, innen
D034-D048	Diasammlung RJ	Kirche in Stade
D049-D053	Diasammlung RJ	Kirche in Bargstedt
D054-D057	Diasammlung RJ	Kirche in Flensburg-Mürwik
D058	Diasammlung RJ	Kirche in Pötrau?
D059	Diasammlung RJ	Kirche in Fredenbek
D06-D061	Diasammlung RJ	Kirche Klein Borstel
D062	Diasammlung RJ	Kirche in Hamburg-Horn
D063-D064	Diasammlung RJ	Unbekannt
M001	4. Mappe Rudolf Jäger	Rudolf Jäger - Zeichnungen und Bildern aus der Kinder-, Jugend- und Studentenzeit von ca. 1910-1928
M002	4. Mappe Rudolf Jäger	Rudolf Jäger - Zeichnungen und Bildern aus der Kinder-, Jugend- und Studentenzeit von ca. 1910-1928
M003	4. Mappe Rudolf Jäger	Rudolf Jäger - Zeichnungen und Bildern aus der Kinder-, Jugend- und Studentenzeit von ca. 1910-1928
M004	7. Zeichenrollen	- Kirche in List/ Sylt, einzelne Ausführungszeichnungen und Details, Transparente, 1935 (R. Jäger)
M005	13 Zeichnungen	Erneuerung und Wiederaufbau der Kirche in Elsdorf 1936 / 1947 Grundrisse, Ansichten, Schnitt, Details, Bestandspläne
M006	13 Zeichnungen	Kirche in Sittensen, Grundrisse, Details, Altaransicht, Gestühl, 1936
M007	13 Zeichnungen	Kirche in Ahlerstedt, Beleuchtungskörper, 1937
M008	13 Zeichnungen	Kirche in Mulsum, Grundrisse, Ansichten, Details 1958-1961
M009	7. Zeichenrollen	Hauptkirche St. Katharinen, Hamburg , Ansicht Turm 1944, Bestandsaufnahme Mai 1944 (leider verschmutzt, eingerissen und vergilbt)

N001 – N109 alle im Stehordner Negative Foto Lüden		
N001	Negative Lüden	745, ZOB, Schriften Läden (Kühne), Mauer, Katharinen
N002	Negative Lüden	718 Katharinenkirche, Bauarbeiten Süd, Dach von innen, Gewölbe von oben, Dovenfleet und ...kanal
N003	Negative Lüden	604 Katharinenkirche Dach. Alster Fernsicht. Duvenstedter Schleuse
N004	Negative Lüden	1873 Modell Farmsen. Dreifaltigkeitskirche Hamm
N005	Negative Lüden	520 Mond ... Venus 8.6.1951. Repro Bielefeld,. Glasfenster Kühne
N006	Negative Lüden	1169 Rückert, Hopp - Wandsbek, Christuskirche, Hopp - Jacobi Bögen..
N007	Negative Lüden	1906 Modell
N008	Negative Lüden	3229 Modell, Portaiaufnahmen
N009	Negative Lüden	3057 Orgel. Alsterpavillon innen
N010	Negative Lüden	3331 Modell
N011	Negative Lüden	2861 Repros Hopp Dias. Modell Hopp, Pabstgrabstück
N012	Negative Lüden	2455 Polizei, Modell, Repro Kühne
N013	Negative Lüden	3048 Alak Stuhl, Dosenlager, Teitung, Pinsel, Schramm Modell
N014	Negative Lüden	3089 Wentorf
N015	Negative Lüden	2762 Modell Groß Borstel
N016	Negative Lüden	3092 Wentorf
N017	Negative Lüden	2834 Hopp Modell Lesepult
N018	Negative Lüden	3219 Modell Repro, Eidelstedt, 1.1.1960
N019	Negative Lüden	2432 Nikolaimodell
N020	Negative Lüden	3087 Wentorf
N021	Negative Lüden	3118 R & Dr. Bauermeister, Modell Osnabrück, Repro Hafen
N022	Negative Lüden	2605 Sch, H&J Taufbecken
N023	Negative Lüden	Modell Hopp, Kühlhaus Fundament
N024	Negative Lüden	3101 G&H Alsen, H&J Bielefeld, Repros
N025	Negative Lüden	3107 Rotheb. H&J Modell Bielefeld
N026	Negative Lüden	3120 H&J Bielefeld Repro
N027	Negative Lüden	1598 Hafen K & N Behälter. Hopp Nikolai Modell
N028	Negative Lüden	619 Kelch + Kanne (Stuhlmüller). H&J Repros Bielefeld. Stukateur Rino
N029	Negative Lüden	1313 Jugendherberge Stintfang. Modell Wettbewerb Wolfsburg. Repros
N030	Negative Lüden	985 Hafen. Katharinen
N031	Negative Lüden	Modell H&J Lengerich

N032	Negative Lüden	2328 Kühne Vorhang. Hopp Kanzelzeichnung. Schnellak
N033	Negative Lüden	755 Repros Hopp (Schweiz), Grindelallee Kapelle
N034	Negative Lüden	2277 Repro Weise. Katharinen...Fest. Schmuck Grimm
N035	Negative Lüden	715 Modell Bielefeld Kirche
N036	Negative Lüden	1263 Buxtehude, Klindwort, Fordhalle Altona, Jacobi Richtfest
N037	Negative Lüden	1917 Modell Stade
N038	Negative Lüden	2398 Jacobi. Elingius Repro
N039	Negative Lüden	2614 Jacobi. Repro Hafen. Finn.D., Modell
N040	Negative Lüden	3116 Elbe. Modell
N041	Negative Lüden	3249 Jacobi Turm Kupferbeleg.
N042	Negative Lüden	6/ 1062 Jacobi, Brauer, Witte
N043	Negative Lüden	Unbekannt
N044	Negative Lüden	3358 Flensburg. Hansa Studio (Repro)
N045	Negative Lüden	3336 Dagebüll Watt, Brücke Wyk Schnee
N046	Negative Lüden	3319 Modell Repro Schiff
N047	Negative Lüden	3284 Nikolaimodell
N048	Negative Lüden	3241 Modell Schule. Kankenhaus Modell
N049	Negative Lüden	3238 Modell. Jacobi Turm im Bau. Eich Modell
N050	Negative Lüden	3083 Jacobi. Personenaufnahmen
N051	Negative Lüden	2673 Christusfigurenschurz. Messe Köln
N052	Negative Lüden	2611 Modell. Treppe
N053	Negative Lüden	2305 Katharinen Nov. 1955
N054	Negative Lüden	2308 Jacobi. Michailow... Spörhase DW
N055	Negative Lüden	2257 Katharinen Turm, innen. Hafen Panorama
N056	Negative Lüden	1886 Katharinen
N057	Negative Lüden	1273 Gewölbe Katharinen. Haus Spaldingstr.
N058	Negative Lüden	1234 Hafen. Jacobi mit Mauermann (Dach)
N059	Negative Lüden	1132 Katharinen Gräber innen
N060	Negative Lüden	1126 Katharinen, Fundamente
N061	Negative Lüden	752 Repros Hopp (Schweiz)
N062	Negative Lüden	6/ 401 Hafen B&V Magn. Kran, Klempnerei, Jacobi Repro
N063	Negative Lüden	6/ 336 Dohme, H&J Jacobi Repro, Spangenberg
N064	Negative Lüden	3276 Nikolai Modell Turm H+J
N065	Negative Lüden	3382 H+J Modell Alberst.

N066	Negative Lüden	6/ 1049 H&J Kap. Wandsbek. Hafen Duckdalben Elbe
N067	Negative Lüden	6/ 1054 Horn, Wandsbek
N068	Negative Lüden	6/ 1050 Wandsbek
N069	Negative Lüden	6/ 635 Modell Jacobi
N070	Negative Lüden	6/ 584 Kirchenmodell
N071	Negative Lüden	6/ 250 Modell. Holzpantoffel, Repro Alt-Hamburg
N072	Negative Lüden	1750 Baptisten Grindel
N073	Negative Lüden	529 Jacobikirche innen
N074	Negative Lüden	717 Modell Bielefelder Kirche
N075	Negative Lüden	716 Modell Bielefelder Kirche
N076	Negative Lüden	2395 Kreuz und Leuchter. Modell Jacobi II
N077	Negative Lüden	2609 Modell Jacobi
N078	Negative Lüden	3243 Grabsteine; Gefallenen Denkmal Kamin Lüden
N079	Negative Lüden	924 Repros Asmus Hopp jr.
N080	Negative Lüden	1184 Repros: Türme Bielefeld
N081	Negative Lüden	6/ 316 Repros Jacobi Türme. Innen alt
N082	Negative Lüden	2324 Repros Flensburg Mürwik. Repros Wiesbaden
N083	Negative Lüden	2089a Repros. Polizei
N084	Negative Lüden	1152 ReprosHummelsbüttel. Förster... Kühne
N085	Negative Lüden	1614 Haus Kühne. Adventisten Grindel
N086	Negative Lüden	6/ 1061 Kl. Alster, Witte
N087	Negative Lüden	3399 Modell, Personen, Segelboot
N088	Negative Lüden	3333 Modell Spangenberg. Spangel 8.1.1962
N089	Negative Lüden	2051 Repros Osdorf
N090	Negative Lüden	3298 Modell
N091	Negative Lüden	6/ 634 Binnenalster, Hafen Lag. Hs D, SW, Hafen, Modell Jacobi
N092	Negative Lüden	1610 Kirchen-Einweihung
N093	Negative Lüden	3315 Modell Stadthalle Neumünster
N094	Negative Lüden	3285 Modell Nikolai
N095	Negative Lüden	6/ 831 Baptisten Hamm
N096	Negative Lüden	527 unleserlich
N097	Negative Lüden	3247 Modell Flensburg -Mürwik
N098	Negative Lüden	6/ 583 Kirchenmodell, G&H Repros
N099	Negative Lüden	3408 Hopp, Modell

N100	Negative Lüden	3345 Modell
N101	Negative Lüden	3244 Lauenburg, Hitzler, Altes Land, Schafe
N102	Negative Lüden	753 Repros (Schweiz)
N103	Negative Lüden	754 Repros Schweiz
N104	Negative Lüden	1774 Repros Stadtbild, Willers Engel
N105	Negative Lüden	3332 Kühne & Nagel, Spangenberg
N106	Negative Lüden	761 Repros
N107	Negative Lüden	762 Repros (Schweiz)
N108	Negative Lüden	912 Repros
N109	Negative Lüden	999 Modell

5.4 Auflistung zu den Inhalten in Jäger (1971) Masch

In dem Buch mit den H&J-Werken, das Rudolf Jäger 1971 zum 70. Geburtstag der Witwe des früheren Kollegen und Freundes, Frau Edite Hopp, mit diversen Fotos der Fotografen Otto Rheinländer bzw. Walter Lüden gestaltet hat, sind z.T. deren Quellen unter den Fotos angegeben. Bei einem weiteren Teil sind zudem die Bezeichnungen innerhalb der Randbindung mit Bleistift eingetragen, die bei einer Lösung der Bindungen sichtbar werden. Mit freundlicher Genehmigung von Manuel Hopp und Unterstützung durch Dr. Jochen Schröder liegt dieses Buch ebenfalls in digitalisierter Form vor und ist zugleich mit der folgenden Auflistung des Inhalts ergänzt:

PDF_S	Inhalt_Text_auf_S	Angabe_zur_Quelle	Inhalt_Stichworte	Jahr
1	Deckblatt			
2	Arbeiten der Architekten HOPP und JÄGER 1934 - 1962 Frau Edite Hopp überreicht zum 70. Geburtstag 22.1.1971 Rudolf Jäger			
3			außen Seite	
4	Born/Darss 1935		außen diagonal	1935
5			innen zentral	
6	Born/Darss 1935		Innen	1935
7			außen klein	
8	Wellingsbüttel 1937 Lutherkirche		Außen	1937
9			Innenraum zur Empore	
10			Innenraum zentral mit Luther	
11			Luther mit Text	
12	Klein Borstel 1938 Maria-Magdalenen Kirche		Turm	1938
13			zum Altarraum	
14			zur Empore	
15	Fuhlsbüttel 1938		a) Seite b) Turm im Winter c) Blick über Taufe zur Orgel	1938
16			d) Vorraum e) Blick aus Altarraum	
17	Fuhlsbüttel 1938 Lukaskirche		Turm und Vorgelände	
18			a) Seitenschiff b) Vorraum c) Altar d) Venturus	
19			Innenraum zentral	

20	[Lukaskirche Fuhlsbüttel]		Kronleuchter in Farbe	
21	[Lukaskirche Fuhlsbüttel]		Altar u.Lesepult	
22	Hamm Westfalen 1938 Johanneskirche		außen mit Turm	1938
23			Taufe	
24			Zentral	
25	Münster Westfalen Diakonissen Mutterhaus 1950		Turm-Kapelle	1950
26			Kapelle mit Turm	
27			Innen Seitenschiff	
28			Altarraum mit Kreuz	
29	Münster Westfalen Diakonissen Mutterhaus 1949/53		Mutterhaus außen	
30			Gang innen	
31		ORh 57/968	Eingang mit Vordach	
32		ORh 57/965	Seitenansicht	
33		ORh 56/44	mit Turm	
34	Hummelsbüttel Christophoruskirche 1953	ORh	außen ohne Turm	1953
35		ORh	Innen Altarraum	
36		a) 63/ 612 b+c) Postkarrten	a) Zerstörung b+c) mit neuem Turm	
37	Bielefeld Altstädter Nikolaikirche 1952-63	ORh 63/1053	neuer Turm	
38			Innenraum z. Altar	
39			a) Taufe [Postkarte an Edite Hopp 24.5.71] b) Orgelempore	
40			Taufe nach hinten	
41			Postkarte Dachreiter 17.12.63 an Frau Edith Hopp Ahlfeld 53	
42			Orgelempore	
43			Treppe zur Empore	
44	Emmauskirche 1953 Wilhelmsburg		Außen mit Apsis	
45			Innen zentral	
46			Kanzel	
47	Hamburg St. Jacobikirche	ORh 63/832	außen mit Turm	
48			Innen Altarraum u Kanzel	
49		Lüden 6/1873/8 u 6/1873/11	außen vom Domplatz	
50		ORh 70/1308	Orgelempore u Kanzel	
51	Treppenhaus im Nordanbau		Treppe u. Bild	
52		a) ? b)6/406/9	a) Hopp b) ?	
53	[Hans Breuer]		nach Zerstörung in Trümmern	
54			a) Kanzel b) Seitentür	
55			3 Negative Landesbildstelle	
56	Ausriss HA 3.8.2001		St.Jacobi - diese Kugel ist Spitze	
57	Ausriss HA 3.8.2001		St.Jacobi - diese Kugel ist Spitze	
58	Als Dank…		Bild mit Dankestext	1961
59	Hamburg St. Katharinenkirche		nach Zerstörung in Trümmern	
60			Turm mit Gerüst + St. Nikolaiturm	

61			Herntrich + Jäger	
62	Bischof Herntrich		Herntrich + Hopp	
63	a) Bauleiter Steinfath b) Pastor Sierig	a) Lüden 2533/24a b) ../6a	a) unten ua Herntrich mit Steinfath, H&J b) auf demTurm Herntrich, Sierig, Hopp	
64		6/140/6	St.Katharinen von Wandrahmen	
65			St.Katharinen	
66		6/124/7a	St.Katharinen Seite	
67		Lüden 2692/3a	Hopp u. Herntrich	
68	Ausriss		Marien	
69	Ausriss		ein Tempel Gottes	
70	Ausriss		a) Kanzel b) Taufe u. Lesepult	
71	Ausriss Stormarnspiegel		Vor 50 Jahren Lutherkirche (Alf Schreyer)	
72	Ausriss Stormarnspiegel		Vor 50 Jahren Lutherkirche (Alf Schreyer)	
73	Ausriss Stormarnspiegel		Vor 50 Jahren Lutherkirche (Alf Schreyer)	
74	Ausriss Stormarnspiegel		Vor 50 Jahren Lutherkirche (Alf Schreyer)	
75	Herntrich	Lüden 2692/5	Hopp u.Herntrich (u.a. Greß)	
76		Lüden 2270/30	Person - darunter B. Hopp	
77		Foto Nehlsen	[siehe Negative S. 55)	
78		Lüden 2703/1	Altarraum	
79		Lüden 2703/1	Altarraum seitl. Perspektive	
80		Lüden o.Nummer	Farbfoto 2.7.57	
81	[St.Katharinen]	Lüden 2692/20a	s-w	
82	Christianskirche		Altar	
83			Empore	
84			Vorraum mit altem Fenster	
85	Fuhlsbüttel Marienkirche 1960	ORh 60/579	mit Turm	
86			a) außen Eingang b) außen Seite	
87			c) außen Pastorat	
88		ORh 60/581	zum Altarraum	
89	Rothenburgsort 1960 St. Johanneskapelle	ORh 62/325	Gemeindehaus u. Kapelle	
90	[Rothenburgsort]	ORh 62/599	zentral z Altarraum	
91	[Rothenburgsort]	ORh 62/598	zur Empore	
92	[Kapelle in Rothenburgsort]	ORh 64/16	außen Rückseite	
93	Münster 1957	Belegphoto fehlt	Turm	
94	[Matthäusk Münster]	Nehlsen & Fendler	zentral z Altarraum	
95	Wandsbek Christuskirche	ORh 67/571	von außen mit Turm (+Ausriss "Die Welt")	
96			von außen Seite (ohne Turm)	
97	[Christ. Wandsb.]		Altarraum durch Mittelgang ohne Bild	
98			Altarraum	
99			Altarraum durch Mittelgang	
100	Eilbek 1962 ehem. St. Jacobi Friedhof		a) außen Eingang b) außen Rückseite	
101			a) Turmkreuz-Wetterhahn b) innen Frontal	

102			Taufe	
103	Abendmahlsgeschirr		a) Abendmahlsg.b) Altar	
104	Inhaltsverzeichnis S_1			
105	Inhaltsverzeichnis S_2			

5.5 Auflistung von H&J-Bauzeichnungen im KK_HH-Ost

Die Bauabteilung des Kirchenkreises Hamburg-Ost betreut die Gebäude, die sich in ihrem Bereich befinden. Sie sind zum größten Teil aus der alten Hamburgischen Landeskirche übernommen, worauf sich unten die „alte Nr." bezieht. Einige gehörten zuvor zu anderen Kirchenkreisen, einige Gemeinden sind auch aus mehreren Kirchenkreisen zusammengefügt worden.[18] Inzwischen liegen die meisten der Baupläne auch in elektronischer Form vor, worauf sich die vierstellige Nr. der Gemeinde bezieht. Bei der Digitalisierung ist auch eine Systematik erdacht worden, die für die allein stehenden Kirchgebäude regelmäßig eine Kennung mit 600 verwendet, die der Gemeindenummer nachgestellt ist. So können mit weiteren Kennungen andersartige Gebäude der Gemeinde unterschieden werden. Auch die Inhalte der Digitalisate sind mit z.T. sprechenden Schlüsseln versehen, so dass sich z.T. relativ lange Bezeichnungen ergeben, die zugleich die Dateinamen der Digitalisate darstellen.

5.5.1 Christophorus Hummelsbüttel (Nr. 3097; alte Nr. 32)

3094_600_BA_C-D + S	Hopp	22.07.1975	Schnitt + Ansicht
3094_600_BA_D	H&J	24.01.1953	Ansichten + Schnitt Gestühl
3094_600_BA_DG	H&J	14.02.1952	Grundriss
3094_600_BA_EG_01	H&J	13.09.1951	Grundriss
3094_600_BA_EG_02	H&J	30.06.1952	Grundriss + Detail
3094_600_BA_EG_03	Hopp	11.08.1954	Grundriss
3094_600_BA_FP	H&J	11.08.1952	Fundamentplan
3094_600_BA_GR + A-A	H&J	18.02.1952	Grundriss + Schnitt
3094_600_BA_KG	H&J	13.09.1951	Grundriss
3094_600_BA_LS_01	H&J	13.09.1951	Schnitt
3094_600_BA_LS_02	H&J	14.02.1952	Schnitt
3094_600_BA_LS_03	H&J	30.06.1952	Schnitt
3094_600_BA_N_01	H&J	13.09.1951	Ansicht
3094_600_BA_O_01	H&J	13.09.1951	Ansicht
3094_600_BA_O_02	Hopp	11.08.1954	Ansicht
3094_600_BA_OG_01	H&J	13.09.1951	Grundriss Emporengeschoss
3094_600_BA_OG_02	Hopp	30.06.1952	Grundriss
3094_600_BA_QS + C-D + E-F + D	H&J		Schnitte + Detail
3094_600_BA_QS_01	H&J	13.09.1951	Schnitt Blick zur Empore
3094_600_BA_QS_02	H&J	13.09.1951	Schnitt Blick zum Altar
3094_600_BA_QS_03	H&J	14.02.1952	Schnitt Blick zur Empore
3094_600_BA_QS_04	H&J	14.02.1952	Schnitt Blick zum Altar
3094_600_BA_S_01	H&J	13.09.1951	Ansicht
3094_600_BA_S_02	H&J	30.06.1952	Ansicht
3094_600_BA_W + S + A-B + C-D + KG + EG + OG	H&J	04.06.1954	Ansichten + Schnitte + Grundrisse Verbindungsbau und Turm

[18] Eine Zusammenstellung über die Zugehörigkeiten und deren Veränderungen findet sich übersichtlich in einer online verfügbaren Datei des KKA Hamburg-Ost „18.38 Hamburg-Ost.pdf".

3094_600_BA_W_01	H&J	13.09.1951	Ansicht
3094_600_BA_W_02	H&J	14.02.1952	Ansicht
3094_600_BA_W_03	Hopp	22.07.1975	Ansicht
3094_600_BE_L	H&J		Lageplan

5.5.2 Christuskirche Wandsbek (Nr. 1233)

1233_600_BE_A-A_333	H&J	06.06.1952	Schnitt
1233_600_BE_AN_337	H&J		Ansicht Innenperspektive
1233_600_BE_EG_335	H&J	22.11.1951	Grundriss
1233_600_BE_QS + AN_334	H&J	22.11.1951	Schnitt + Ansicht Empore
1233_600_BE_QS + AN_336	H&J	22.11.1951	Schnitt + Ansicht Chor

5.5.3 Maria Magdalenen (Nr. 3095; alte Nr. 33)

3095_600_BA_AA	H&J	16.11.1954	Schnitt
3095_600_BA_A-A + B-B	H&J		Schnitte
3095_600_BA_A-A + B-B + D	H&J	11.06.1938	Schnitte + Detail Einzelheiten zur Treppenabschlusswand
3095_600_BA_AN + D	H&J	22.09.1938	Ansicht + Detail Balkenlage, Untersicht der Kanzeldecke
3095_600_BA_AN + SA_01	H&J	25.07.1938	Ansichten Emporenbrüstung
3095_600_BA_AN + SA_02	H&J	02.08.1938	Ansichten Emporenbrüstung
3095_600_BA_AN_01	H&J	31.03.1952	Ansicht + Schnitt
3095_600_BA_AN_02	H&J	13.12.1937	Ansicht Hängewerk
3095_600_BA_AN_03	H&J	20.07.1954	Ansicht Innenansicht
3095_600_BA_D_01	H&J		Ansicht + Grundriss + Detail Kanzel
3095_600_BA_D_02	H&J		Grundrisse + Schnitt + Detail Treppe
3095_600_BA_D_03	H&J	04.10.1957	Grundriss + Schnitt Podest und Gestühl auf der kl. Empore
3095_600_BA_D_04	H&J	12.11.1957	Grundriss + Schnitt Podest und Gestühl auf der kl. Empore
3095_600_BA_D_05	H&J	21.12.1937	Grundriss + Schnitt Treppe zum Keller und der kl.Empore
3095_600_BA_D_06	H&J	21.12.1937	Schnitt + Ansicht + Grundriss + Detail Wendeltreppe
3095_600_BA_D_07	H&J	25.03.1957	Schnitte + Grundrisse + Ansicht + Detail Paramentenschrank in der Sakristei
3095_600_BA_D_08	H&J	20.04.1938	Schnitte + Detail Außentüren
3095_600_BA_D_09	H&J	12.01.1938	Ansichten + Grundriss + Skizze + Detail Tischlerarbeiten
3095_600_BA_D_10	H&J	23.10.1956	Schnitte + Ansicht + Detail Paramentenschrank in der Sakristei
3095_600_BA_D_12	H&J	21.12.1937	Draufsicht Traufpunkt + Rinneneinzelheiten
3095_600_BA_D_13	H&J	21.04.1938	Ansichten + Schnitt
3095_600_BA_D_14	H&J	10.11.1938	Ansicht + Schnitte Paramentenschrank
3095_600_BA_D_15	H&J	12.01.1938	Ansichten Tischlerarbeiten
3095_600_BA_D_16	H&J	25.07.1938	Ansichten Emporenbrüstung
3095_600_BA_D_17	H&J	13.12.1938	Ansicht Sakristeischrank
3095_600_BA_D_18	H&J	12.01.1938	Ansichten Seitenempore
3095_600_BA_D_19	H&J	03.06.1938	Ansichten
3095_600_BA_D_21	H&J		Grundriss Wendeltreppe
3095_600_BA_D_22	H&J	20.05.1938	Ansicht
3095_600_BA_D_24	H&J		Grundriss + Ansicht
3095_600_BA_D_26	H&J	10.12.1937	Grundriss + Ansicht + Schnitt
3095_600_BA_D_27	H&J	01.07.1938	Schnitte Fachwerkwand
3095_600_BA_D_28	H&J		Ansicht
3095_600_BA_D_29	H&J	14.01.1938	Detail + Grundriss Einzelheiten
3095_600_BA_D_30	H&J	26.07.1938	Ansichten + Grundriss Schrank im Sitzungszimmer
3095_600_BA_EG + A-B	H&J	17.12.1937	Grundriss + Schnitt Bestuhlungsplan
3095_600_BA_EG + D	H&J	17.12.1957	Grundriss + Detail Bestuhlungsplan
3095_600_BA_EG_01	H&J		Grundriss + Skizze Plätze
3095_600_BA_EG_02	H&J		Grundriss + Detail
3095_600_BA_EG_03	H&J	16.11.1954	Grundriss + Detail
3095_600_BA_EG_04	H&J	24.11.1937	Grundriss
3095_600_BA_EG_05	H&J	16.11.1954	Grundriss
3095_600_BA_EG_06	H&J	16.11.1954	Grundriss
3095_600_BA_EG_07	H&J	24.11.1937	Grundriss
3095_600_BA_FP_01	H&J	24.11.1937	Fundamentplan

3095_600_BA_KG + A-B	H&J	12.06.1975	Grundriss + Schnitt
3095_600_BA_KG + FP	H&J	24.11.1937	Grundriss + Fundamentplan
3095_600_BA_KG_01	H&J		Grundriss
3095_600_BA_KG_02	H&J	16.11.1954	Grundriss
3095_600_BA_KG_03	H&J	16.11.1954	Grundriss
3095_600_BA_KG_04	H&J	11.06.1975	Grundriss
3095_600_BA_LS + QS	H&J	26.01.1938	Schnitte
3095_600_BA_LS_01	H&J		Schnitt
3095_600_BA_LS_02	H&J	24.11.1957	Schnitte + Detail
3095_600_BA_LS_03	H&J	24.11.1957	Schnitt + Detail
3095_600_BA_LS_04	H&J	24.11.1937	Schnitt
3095_600_BA_LS_05	H&J	24.11.1937	Schnitt
3095_600_BA_N + D	H&J	24.11.1957	Ansicht + Detail
3095_600_BA_N_01	H&J		Ansicht
3095_600_BA_N_02	H&J	24.11.1937	Ansicht
3095_600_BA_N_03	H&J	24.11.1937	Ansicht
3095_600_BA_O	H&J	16.11.1954	Ansicht
3095_600_BA_O + W_01	H&J	24.11.1957	Ansichten + Detail
3095_600_BA_O + W_02	H&J	24.11.1937	Ansichten
3095_600_BA_OG + SL	H&J	24.11.1937	Grundriss + Sparrenlage 3. Turmgeschoss
3095_600_BA_OG_01	H&J		Grundriss Emporengeschoss
3095_600_BA_OG_02	H&J		Grundriss + Detail Emporengeschoss
3095_600_BA_OG_03	H&J	16.11.1954	Grundriss + Detail Emporengeschoss
3095_600_BA_OG_04	H&J	24.11.1937	Grundriss Emporengeschoss
3095_600_BA_OG_05	H&J	24.11.1937	Grundriss 2. Turmgeschoss
3095_600_BA_OG_06	H&J	24.11.1937	Grundrisse OG ist Emporengeschoss
3095_600_BA_QS + D_01	H&J	24.11.1957	Schnitte + Detail
3095_600_BA_QS + D_02	H&J	26.07.1938	Schnitt + Detail Gestühl
3095_600_BA_QS + LS	H&J		Schnitte
3095_600_BA_QS_01	H&J		Schnitte + Detail
3095_600_BA_QS_02	H&J	24.11.1937	Schnitte
3095_600_BA_QS_03	H&J	24.11.1937	Schnitt
3095_600_BA_S_01	H&J		Ansicht
3095_600_BA_S_02	H&J	24.11.1957	Ansicht + Detail
3095_600_BA_S_03	H&J	24.11.1957	Ansichten + Detail
3095_600_BA_S_04	H&J	24.11.1937	Ansicht
3095_600_BA_S_05	H&J	24.11.1937	Ansicht
3095_600_BA_SK + AN	H&J	16.09.1938	Skizze + Ansicht Entwurf der Altargestaltung
3095_600_BA_W + O	H&J	24.11.1937	Ansichten
3095_600_BA_W + O + D	H&J	24.11.1957	Ansichten + Detail
3095_600_BA_W_01	H&J		Ansicht
3095_600_BA_W_02	H&J		Ansicht
3095_600_BE_HS_01	H&J	22.10.1953	Ansicht Höhenschnitt
3095_600_BE_HS_02	H&J	29.09.1954	Ansichten Höhenprofil
3095_600_BE_L_03	H&J		Lageplan
3095_600_BE_L_04	H&J	17.04.1953	Lageplan
3095_600_BHT_DG	H&J	24.11.1957	Grundriss + Sparrenlage + Detail Turmgeschoss
3095_600_BHT_EG	H&J	24.11.1957	Grundriss + Detail Gas- und Wasserleitung
3095_600_BHT_KG	H&J	13.01.1938	Grundriss
3095_600_BHT_OG + D	H&J	24.11.1957	Grundriss + Detail Emporengeschoss

5.5.4   Moorfleet (Nr. 3375; alte Nr. 74)

3375_601_BA_A-A + B-B + AN	Jäger, Gries, Brunzema	06.11.1968	Schnitte + Ansicht Gesangsbuchablage
3375_601_BA_AA + BB + AN + GR + D	H&J	27.05.1963	Schnitte + Ansicht + Grundriss + Detail
3375_601_BA_AA + BB + CC + S	H&J	06.05.1963	Schnitte + Ansicht Empore
3375_601_BA_AN	H&J	26.04.1963	Ansicht Seitenempore
3375_601_BA_AN + AA + GR	H&J	06.03.1963	Ansichten + Schnitt + Grundriss + Detail Portaltür
3375_601_BA_AN + AA + GR + D_01	H&J	19.03.1963	Ansichten + Schnitt + Grundrisse
3375_601_BA_AN + AA + GR + D_02	H&J	25.03.1963	Ansichten + Schnitt + Grundrisse
3375_601_BA_AN + AA + GR + D_03	H&J	27.03.1963	Ansichten + Schnitt + Grundrisse Fenster

3375_601_BA_D + AN + AA	H&J	04.03.1963	Detail + Ansicht + Schnitt
3375_601_BA_D + SK	Jäger, Gries, Brunzema	22.10.1968	Detail + Skizze Gesangsbuchablage
3375_601_BA_D_01	H&J		Ansichten + Grundriss + Schnitt Fenster
3375_601_BA_D_02	H&J	10.06.1963	Ansicht + Grundriss + Schnitte Rundsäule
3375_601_BA_D_03	H&J	21.10.1963	Schnitte Ausstiefung der Empore
3375_601_BA_EG	H&J	13.03.1962	Grundriss
3375_601_BA_EG + SL_01	H&J	13.03.1962	Grundriss + Sparrenlage Balkenlage
3375_601_BA_EG + SL_02	H&J	13.03.1962	Grundriss + Sparrenlage Balkenlage
3375_601_BA_GR	H&J	27.11.1963	Grundriss Unterkonstroktion für das Gestühl
3375_601_BA_GR + A-B	H&J	04.03.1963	Grundriss + Schnitt Empore
3375_601_BA_GR + LS + O + W + SK	H&J		Grundriss + Schnitt + Ansichten + Skizze Jurabengestühl
3375_601_BA_LS + N_01	H&J		Schnitt + Ansicht
3375_601_BA_LS + N_02	H&J	04.04.1963	Schnitt + Ansicht
3375_601_BA_LS + S_01	H&J	13.03.1962	Schnitt + Ansicht
3375_601_BA_LS + S_02	H&J	13.03.1962	Schnitt + Ansicht
3375_601_BA_LS + S_03	H&J	13.03.1962	Schnitt + Ansicht
3375_601_BA_N	H&J	13.03.1962	Ansicht
3375_601_BA_QS_01	H&J	13.03.1962	Schnitt
3375_601_BA_QS_02	H&J	13.03.1962	Schnitt
3375_601_BA_QS_03	H&J	13.03.1962	Schnitt
3375_601_BA_QS_04	H&J	15.01.1963	Schnitt
3375_601_BA_S_01	H&J	18.07.1963	Ansicht vorhandener Zustand
3375_601_BA_S_02	H&J	18.07.1963	Ansicht geänderter Zustand
3375_601_BA_S_03	H&J	13.03.1962	Ansicht
3375_601_BA_SA + A-B + C-D_01	H&J	16.11.1962	Seitenansicht + Schnitte
3375_601_BA_SA + A-B + C-D_02	H&J	16.11.1962	Seitenansicht + Schnitte
3375_601_BA_SA + GR + AA + D	H&J	07.10.1963	Seitenansicht +Grundriss + Schnitt + Detail Gestühl
3375_601_BE_EG_03	H&J		Grundriss Emporengeschoss

5.5.5   Osterkirche Eilbek (Nr. 3221; alte Nr. 43)

3221_601_BA_A-B_01	H&J	04.07.1960	Schnitt
3221_601_BA_A-B_02	H&J	04.07.1960	Schnitt
3221_601_BA_AN_01	H&J	04.07.1960	Ansicht
3221_601_BA_AN_02	H&J	04.07.1960	Ansicht
3221_601_BA_AN_03	H&J	04.07.1960	Ansicht
3221_601_BA_AN_04	H&J	04.07.1960	Ansicht
3221_601_BA_D_03	H&J	13.10.1961	Ansichten Turmspitze
3221_601_BA_EG_01	H&J	04.07.1960	Grundriss
3221_601_BA_EG_02	H&J	27.09.1961	Grundriss
3221_601_BA_GR_01	H&J	04.07.1960	Grundriss
3221_601_BA_GR_02	H&J	04.07.1960	Grundriss
3221_601_BA_KG_01	H&J	08.08.1960	Grundriss
3221_601_BA_KG_02	H&J	08.08.1960	Grundriss
3221_601_BA_KG_03	H&J	23.12.1963	Grundriss
3221_601_BA_LS_01	H&J	04.07.1960	Schnitt
3221_601_BA_LS_02	H&J	08.08.1960	Schnitt
3221_601_BA_LS_03	H&J	23.12.1963	Schnitt
3221_601_BA_N_01	H&J	04.07.1960	Ansicht
3221_601_BA_N_02	H&J	08.08.1960	Ansicht
3221_601_BA_O	H&J	08.08.1960	Ansicht
3221_601_BA_OG_01	H&J	04.07.1960	Grundriss OG ist Empore
3221_601_BA_OG_02	H&J	04.07.1960	Grundriss Emporengrundriss
3221_601_BA_OG_03	H&J	23.12.1963	Grundriss Emporengrundriss
3221_601_BA_QS_04	H&J	04.07.1960	Schnitt
3221_601_BA_QS_05	H&J	20.09.1960	Schnitt Blick zur Orgel
3221_601_BA_QS_06	H&J	27.09.1961	Schnitt Blick zum Altar
3221_601_BA_SL_01	H&J	08.08.1960	Sparrenlage
3221_601_BA_SL_02	H&J	08.08.1960	Sparrenlage
3221_601_BA_SL_03	H&J	20.09.1960	Sparrenlage
3221_601_BA_W_01	H&J	04.07.1960	Ansicht

3221_601_BA_W_02	H&J	08.08.1960	Ansicht
3221_601_BE_D_01	H&J	01.10.1961	Skizzen Wetterhahn
3221_601_BE_D_02	H&J	22.10.1960	Grundriss + Ansicht + Schnitt Fenster
3221_601_BE_D_03	H&J	20.10.1962	Ansichten + Grundrisse Lesepult, Opferbecken
3221_601_BE_D_04	H&J	09.10.1963	Ansichten + Detail Altar, Kniebank
3221_601_BE_D_05	H&J	22.06.1962	Draufsicht + Grundriss + Ansicht + Schnitt Taufbecken
3221_601_BE_D_06	H&J	06.07.1962	Draufsicht + Schnitt + Detail Trittrost
3221_601_BE_D_07	H&J	30.10.1961	Schnitte + Grundrisse OG ist Empore
3221_601_BE_D_08	H&J	29.09.1961	Ansichten + Grundriss Altar
3221_601_BE_D_09	H&J	09.10.1961	Ansichten + Grundriss + Schnitt Kanzel
3221_601_BE_D_10	H&J	08.11.1961	Ansicht + Grundriss + Schnitte Chorgestühl
3221_601_BE_D_11	H&J	14.11.1961	Ansichten + Grundriss Altar
3221_601_BE_D_12	H&J	16.01.1962	Ansichten + Grundriss + Schnitte Kanzel
3221_601_BE_D_13	H&J	25.01.1962	Ansichten + Grundriss + Schnitt + Detail Außentür
3221_601_BE_D_14	H&J	26.01.1962	Ansicht + Grundriss + Schnitt Notenschrank
3221_601_BE_D_15	H&J	29.01.1962	Ansicht + Grundriss + Schnitte Chorgestühl
3221_601_BE_D_16	H&J	17.01.1962	Ansicht + Grundriss + Schnitte Schrank
3221_601_BE_D_17	H&J	06.11.1961	Schnitte Emporentreppe
3221_601_BE_GR	H&J	14.11.1961	Grundriss Fußbodenplan
3221_601_BE_SK	H&J	17.03.1962	Skizzen Wetterhahn
3221_601_BHT_GR	H&J	19.04.1962	Grundriss Blockspeicheranlage

5.5.6   Philippus und Rimbert (Nr. 1282)

1282__BE_L	H&J	22.09.1954	Lageplan
1282_600_BA_DG	H&J	13.04.1955	Grundriss
1282_600_BA_KG_01	H&J	06.07.1959	Grundriss
1282_600_BA_KG_02	H&J	26.02.1955	Grundriss
1282_600_BA_L	H&J	14.04.1955	Schnitt
1282_600_BA_LS	H&J	07.07.1955	Schnitt
1282_600_BA_N	H&J	26.02.1955	Ansicht
1282_600_BA_O	H&J	26.02.1955	Ansicht
1282_600_BA_QS + AN	H&J	26.02.1955	Schnitt + Ansicht
1282_600_BA_S_01	H&J	26.02.1955	Ansicht
1282_600_BA_W	H&J	26.02.1955	Ansicht
1282_600_BE_EG	H&J	23.09.1954	Grundriss
1282_600_BE_KG	H&J	23.09.1954	Grundriss
1282_600_BE_N + W + KG + L_02	Jäger, Gries	12.11.1964	Ansichten + Grundriss + Lageplan Kelleränderung mit Heizungs- und Schornsteinanlage
1282_600_BE_O + QS + N	H&J	18.09.1954	Ansichten + Schnitt
1282_600_BE_OG	H&J	23.09.1954	Grundriss Emporengeschoss
1282_600_BE_S + W	H&J	18.09.1954	Ansichten
1282_600_BHT_KG	H&J	06.07.1959	Grundriss Heizungskellerumbau
1282_600_BHT_QS + FP	H&J	06.07.1959	Schnitt + Fundamentplan Heizungskellerumbau

5.5.7   Schmalenbek (Nr. 1081)

1081_600_BE_D + AN_080	H&J	25.09.1958	Detail + Ansicht Emporenansicht
1081_600_BE_D + SA_081	H&J	07.12.1962	Detail + Ansicht Orgel
1081_600_BE_D_079	H&J	07.12.1962	Detail Orgel
1081_600_BE_L_076	H&J	04.10.1960	Lageplan
1081_600_BE_N_077	H&J	07.04.1955	Ansicht
1081_600_BE_QS + LS_073	H&J	02.10.1962	Schnitte Orgel
1081_600_BE_S_074	H&J	07.04.1955	Ansicht
1081_600_BE_S_078	H&J	07.04.1955	Ansicht
1081_600_BE_W_082	H&J	04.09.1961	Ansicht

5.5.8   St. Jacobi (Nr. 3262; alte Nr. 4)

3262_600_BA_A-A + AN	H&J	1957	Schnitt + Ansicht
3262_600_BA_A-A + B-B + C-C + a-a + AN	H&J	11.03.1957	Schnitte + Ansicht Grundlagen für die konstruktive Ausbildung
3262_600_BA_A-A + B-B + C-C + AN + GR + D	H&J	06.05.1957	Schnitte + Ansicht + Grundriss + Detail Fassadendetail Turmgeschoss

Nummer	Architekt	Datum	Beschreibung
3262_600_BA_A-A + GR	H&J	21.06.1958	Schnitt + Grundrisse Turmgrundrisse
3262_600_BA_A-A_01	H&J	25.01.1957	Schnitt Turmschnitt
3262_600_BA_A-A_02	H&J	12.02.1959	Schnitt Diagonalschnitt
3262_600_BA_AN + DA	H&J	23.03.1960	Ansicht + Draufsicht Turmspitze
3262_600_BA_AN + GR	H&J	01.07.1956	Ansicht + Grundriss Turmschnitt
3262_600_BA_AN + GR + D_02	H&J	30.08.1955	Ansicht + Grundriss + Detail Wandabwicklung der Chorwand
3262_600_BA_AN_01	H&J		Ansicht Turm
3262_600_BA_AN_02	H&J		Ansicht Turm
3262_600_BA_AN_03	H&J		Ansicht Turmfront
3262_600_BA_AN_06	H&J	01.12.1945	Ansicht Orgelprospekt
3262_600_BA_AN_10	Brunzema		Ansicht mit Empore
3262_600_BA_D_03	H&J	07.05.1957	Ansicht + Schnitt Turmhelm
3262_600_BA_D_05	H&J	26.01.1957	Skizze Grundrissdetails B+C
3262_600_BA_D_06	H&J	07.05.1957	Draufsicht + Ansicht Turmtreppe
3262_600_BA_D_08	Jäger, Gries, Brunzema	16.08.1968	Ansichten Einbau der Orgel
3262_600_BA_D_09	Jäger, Gries, Brunzema	29.03.1968	Ansichten + Schnitt + Grundrisse Empore, Orgelkammer
3262_600_BA_D_10	H&J	02.08.1960	Schnitte Turmspitze
3262_600_BA_D_11	H&J	23.03.1960	Ansicht + Draufsicht Turmspitze
3262_600_BA_D_12	H&J	18.10.1954	Grundriss Aufmass, Sakristeifußboden
3262_600_BA_D_13	H&J	01.01.1953	Ansichten Herrensaal, Einzelheiten
3262_600_BA_D_14	Jäger, Gries, Brunzema	05.06.1959	Ansicht Innenwand der Süderkapelle
3262_600_BA_D_19	H&J	02.10.1960	Ansicht Fenster der Südfront
3262_600_BA_D_20	H&J	05.10.1959	Ansicht Fenster
3262_600_BA_D_21	H&J	01.01.1955	Ansichten + Schnitt Innenwand der Sakristei
3262_600_BA_D_22	H&J	01.05.1956	Ansichten Innenwand der Sakristei
3262_600_BA_DA_02	H&J	20.09.1948	Draufsicht
3262_600_BA_DA_03	H&J	19.08.1952	Draufsicht
3262_600_BA_EG_01	H&J	30.08.1955	Grundriss
3262_600_BA_EG_02	H&J	30.08.1955	Grundriss
3262_600_BA_EG_03	H&J	30.08.1955	Grundriss
3262_600_BA_EG_04	H&J	04.01.1958	Grundriss Sitzplätze
3262_600_BA_EG_05	H&J	04.06.1959	Grundriss
3262_600_BA_EG_06	Brunzema	31.01.1991	Grundriss
3262_600_BA_GR A-A + B-B + C-C + D-D + E-E + F-F + G-G + H-H	H&J	07.05.1957	Grundrisse + Schnitte Turmgrundrisse
3262_600_BA_GR A-A + B-B + DA	H&J	06.10.1958	Grundrisse + Draufsicht Turmgrundrisse
3262_600_BA_GR_02	H&J	23.11.1957	Grundrisse Turmgrundrisse
3262_600_BA_GR_03	H&J	23.11.1957	Grundrisse Turmgrundrisse
3262_600_BA_GR_09	H&J	13.02.1950	Grundriss Bestuhlungsplan
3262_600_BA_GR_10	H&J	09.09.1958	Grundrisse Turmgrundrisse
3262_600_BA_GR_11	H&J	30.01.1955	Grundriss Teilabriss und Umbau der Empore
3262_600_BA_GR_15	Brunzema	31.01.1991	Grundriss Umbau der Chorempore
3262_600_BA_GR_16	Brunzema	31.01.1991	Grundriss Umbau der Chorempore
3262_600_BA_KG + EG + A-B + K-K + S + O + D	H&J	18.08.1950	Grundrisse + Ansichten + Schnitte + Detail Heizungsanlage und Ladenzeile
3262_600_BA_LS + N + EG + OG	H&J	20.08.1945	Schnitt + Ansicht + Grundrisse
3262_600_BA_N	H&J	06.07.1960	Ansicht
3262_600_BA_N + A-B + C-D + DG	H&J	03.06.1953	Ansicht + Schnitte + Grundriss
3262_600_BA_O_01	H&J	21.05.1961	Ansicht
3262_600_BA_O_02	H&J	21.05.1961	Ansicht
3262_600_BA_O_03	H&J	21.05.1961	Ansicht
3262_600_BA_OG_01	H&J	30.08.1955	Grundriss Emporengeschoss
3262_600_BA_OG_02	Jäger, Gries, Brunzema	06.08.1968	Grundriss Orgelkammer
3262_600_BA_QS + A-B + W	H&J	19.08.1952	Schnitte + Ansicht Traufpunkt
3262_600_BA_QS + AN	H&J		Schnitt + Ansicht Nördlicher Anbau
3262_600_BA_QS + D	H&J	21.08.1945	Schnitt + Detail Lageplan der Fundamente
3262_600_BA_QS + GR_01	H&J	06.05.1959	Schnitte Turm
3262_600_BA_QS + GR_02	H&J		Schnitte Turm

3262_600_BA_QS + GR_03	H&J	06.05.1959	Schnitte Turm
3262_600_BA_QS + GR_04	H&J	06.05.1959	Schnitte Turm
3262_600_BA_QS + GR_05	H&J	06.05.1959	Schnitte Turm
3262_600_BA_QS + N + EG + OG	H&J	20.08.1945	Schnitt + Ansicht + Grundrisse Herrensaalgebäude
3262_600_BA_QS + O	H&J	01.09.1947	Schnitt + Ansicht
3262_600_BA_QS_03	H&J	07.05.1957	Schnitt Turm
3262_600_BA_QS_04	H&J	27.11.1957	Schnitt Turm
3262_600_BA_QS_05	H&J	27.11.1957	Schnitt Turm
3262_600_BA_QS_08	H&J	01.06.1958	Schnitt mit Dachkonstruktion
3262_600_BA_S	H&J	04.05.1959	Ansicht
3262_600_BA_SK + GR_01	Brunzema		Skizze + Grundriss Altar Chorraum
3262_600_BA_SK + GR_02	Brunzema		Skizze + Grundriss Altar mit seitlichem Chorgestühl
3262_600_BA_SK_03	H&J	12.10.1957	Skizze Isometrie
3262_600_BA_W_01	H&J	01.07.1956	Ansicht
3262_600_BA_W_02	H&J	01.03.1956	Ansicht
3262_600_BA_W_03	H&J	01.03.1956	Ansicht
3262_600_BA_W_04	H&J	26.04.1956	Ansicht
3262_600_BA_W_05	H&J		Ansicht
3262_600_BA_W_06	H&J		Ansicht
3262_600_BA_W_07	H&J		Ansicht
3262_600_BA_W_08	H&J		Ansicht Vorschlag E
3262_600_BA_W_09	H&J		Ansicht Vorschlag E
3262_600_BA_W_10	H&J		Ansicht
3262_600_BA_W_11	H&J	07.05.1958	Ansicht Vorschlag A
3262_600_BA_W_12	H&J	06.05.1958	Ansicht Vorschlag D
3262_600_BA_W_14	H&J	12.05.1959	Ansicht
3262_600_BE_AN_02	H&J	01.08.1959	Ansicht
3262_600_BE_EG_02	H&J	31.10.1955	Grundriss Fortschritt über die Gewölbearbeiten
3262_600_BE_LS	H&J	19.08.1952	Schnitt
3262_600_BE_W + A-A + B-B	H&J	01.08.1956	Ansicht + Schnitte
3262_600_BE_W_01	H&J	12.05.1959	Ansicht
3262_600_BE_W_02	H&J	01.08.1956	Ansicht
3262_600_BE_W_03	H&J	01.08.1956	Ansicht
3262_600_BE_W_04	H&J	01.08.1956	Ansicht
3262_600_BHT_D_02	H&J	15.01.1958	Schnitte Heizungsanlage

5.5.9 St. Katharinen (Nr. 3291; alte Nr. 3)

3291_600_BA_A-A + B-B + C-C + AN + GR	H&J	27.07.1956	Schnitte + Grundriss + Ansicht Heizungsanleitung an der Westseite
3291_600_BA_AA_04	H&J	08.08.1953	Schnitt Punkte
3291_600_BA_AA_04	H&J	08.08.1953	Schnitt Punkte
3291_600_BA_AA_05	H&J	29.07.1960	Schnitt Turmwand
3291_600_BA_AA_05	H&J	29.07.1960	Schnitt Turmwand
3291_600_BA_A-B + C-D	H&J	01.07.1950	Schnitte
3291_600_BA_A-B + C-D + DG	H&J	11.01.1971	Schnitte + Grundriss
3291_600_BA_A-B_01	H&J	14.03.1953	Schnitte Geländeschnitt, Gründung
3291_600_BA_A-B_02	H&J	24.02.1953	Schnitte Geländeschnitt, Gründung
3291_600_BA_A-B_03	H&J	12.04.1956	Schnitt
3291_600_BA_AN + A-A	H&J	07.08.1959	Ansicht + Schnitt Trägerkonstruktion
3291_600_BA_AN + A-A + B-B + C-C + D-D	H&J	20.03.1952	Ansicht + Schnitte Dachkonstruktion des Schiffes
3291_600_BA_AN + DA + A-A	H&J	31.05.1957	Ansichten + Draufsicht + Schnitt Glockenstuhl
3291_600_BA_AN + DA + A-A	H&J	31.05.1957	Ansichten + Draufsicht + Schnitt Glockenstuhl
3291_600_BA_AN + GR + A-A	H&J	09.01.1957	Ansicht + Grundriss + Schnitt
3291_600_BA_AN + GR_04	H&J	27.01.1953	Ansicht + Grundriss
3291_600_BA_AN + GR_05	H&J	13.02.1953	Ansicht + Grundriss
3291_600_BA_AN + GR_06	H&J	29.09.1953	Ansicht + Grundriss Südfenster
3291_600_BA_AN + GR_06	H&J	29.09.1953	Ansicht + Grundriss Südfenster
3291_600_BA_AN + GR_07	H&J	27.04.1956	Ansicht + Grundriss Chorwand
3291_600_BA_AN_01	H&J	01.05.1944	Ansicht Wand im südlichen Seitenschiff
3291_600_BA_AN_03	H&J	01.02.1945	Ansicht Orgelprospekt
3291_600_BA_AN_05	H&J	12.06.1956	Ansicht Heizkanäle
3291_600_BA_AN_08	Jäger,	06.08.1973	Ansicht Turmbekrönung

	Gries, Brunzema		
3291_600_BA_D_02	H&J	03.06.1953	Grundriss Formsteine für das Südfenster
3291_600_BA_D_03	H&J	27.07.1955	Grundriss Formsteine für das Nordfenster
3291_600_BA_D_04	H&J	04.08.1953	Grundriss Formsteine für das Ostfenster
3291_600_BA_D_06	H&J	10.11.1953	Ansicht + Grundriss + Schnitt Nordfenster mit Horizontal- und Vertikalschnitt
3291_600_BA_D_07	H&J	08.07.1955	Schnitt Turmhelm
3291_600_BA_D_10	H&J	16.06.1956	Schnitt Verkleidung und Befestigung der Altarplatten
3291_600_BA_D_12	H&J	06.09.1957	Ansicht + Schnitte Turm - Tür im Westportal
3291_600_BA_D_13	H&J	11.09.1957	Ansichten + Schnitte + Grundriss Turm - Grosses Fenster und Ovalfenster
3291_600_BA_D_14	H&J	05.01.1962	Ansicht + Schnitt + Grundriss Dachgauben (Überholt)
3291_600_BA_D_15	H&J	05.01.1962	Ansicht + Schnitt + Grundriss Dachgauben (Überholt)
3291_600_BA_D_16	H&J	05.01.1962	Ansicht + Schnitt + Grundriss Dachgauben (Neu)
3291_600_BA_D_17	H&J		Ansicht Turmspitze
3291_600_BA_D_18	Jäger, Gries, Brunzema	03.08.1973	Ansichten + Grundrisse Turmspitze
3291_600_BA_D_19	H&J	22.05.1957	Schnitt Holzkonstruktion
3291_600_BA_D_32	H&J	27.11.1952	Höhenschnitt + Grundriss Pfeiler im Kirchenschiff
3291_600_BA_D_33	H&J	13.12.1952	Höhenschnitt + Grundriss Pfeiler im Kirchenschiff
3291_600_BA_D_35	H&J	14.09.1952	Höhenschnitt + Grundriss Pfeiler im Kirchenschiff
3291_600_BA_D_36	H&J	14.12.1952	Höhenschnitt + Grundriss Pfeiler im Kirchenschiff
3291_600_BA_D_37	H&J	28.11.1952	Höhenschnitte + Grundrisse Pfeiler im Kirchenschiff
3291_600_BA_D_39	H&J	07.05.1953	Grundrisse Formsteine
3291_600_BA_D_40	H&J	25.02.1953	Grundrisse Formsteine für den Gurtbögen und Fensterpfeiler
3291_600_BA_D_41	H&J	22.06.1953	Grundrisse Formsteine Rundfenster Südwand
3291_600_BA_D_42	H&J	22.06.1953	Grundrisse Formsteine Rundfenster Südwand
3291_600_BA_D_44	H&J	18.08.1953	Grundrisse Formsteine
3291_600_BA_D_44	H&J	18.08.1953	Grundrisse Formsteine
3291_600_BA_D_46	H&J	29.09.1953	Ansicht + Grundriss Südfenster
3291_600_BA_D_47	H&J	26.01.1954	Grundrisse Rippensteine Nordfenster
3291_600_BA_D_49	H&J	08.07.1955	Grundrisse Formstein
3291_600_BA_D_50	H&J	02.08.1955	Schnitt + Grundriss oberer Treppenschacht
3291_600_BA_D_56	H&J	20.04.1952	Schnitt + Draufsicht Altar
3291_600_BA_D_58	H&J	20.03.1957	Ansicht + Grundriss + Schnitt Schrank für die Lautsprecheranlage
3291_600_BA_D_59	H&J	18.04.1957	Ansicht Zifferblatt der Turmuhr
3291_600_BA_D_60	H&J	27.08.1957	Details Fenster im Turm, Uhrengeschoss
3291_600_BA_D_61	H&J	31.08.1957	Ansichten + Schnitte + Grundrisse verbretterte Fensterluken im Turm
3291_600_BA_D_65	H&J	14.12.1955	Ansicht + Grundriss Altar
3291_600_BA_D_66	H&J	29.08.1957	Ansichten + Schnitte + Grundrisse Schallöffnungen im Turm
3291_600_BA_EG_01	H&J	01.08.1954	Grundriss Altarraum
3291_600_BA_EG_02	H&J	13.03.1956	Grundriss Bestuhlungsplan
3291_600_BA_EG_03	H&J	01.05.1944	Grundriss mit eingetragenen Maßkontrollen
3291_600_BA_EG_04	H&J		Grundriss
3291_600_BA_EG_05	H&J, Dipling	25.03.1953	Grundriss
3291_600_BA_EG_07	H&J	12.08.1952	Grundriss
3291_600_BA_EG_08	H&J	25.06.1963	Grundriss Emporengeschoss
3291_600_BA_EG_08	H&J	25.06.1963	Grundriss Emporengeschoss
3291_600_BA_EG_09	H&J	01.01.1944	Grundriss
3291_600_BA_EG_09	H&J	01.01.1944	Grundriss
3291_600_BA_FP	H&J	29.06.1966	Fundamentplan Bohrplan
3291_600_BA_FP	H&J	29.06.1966	Fundamentplan Bohrplan
3291_600_BA_GR + A-A + B-B + C-C	H&J	31.07.1952	Grundriss + Schnitte Orgelempore
3291_600_BA_GR + A-B_01	H&J	24.01.1956	Grundriss + Schnitt Altarraum
3291_600_BA_GR + A-B_02	H&J	25.11.1949	Grundriss + Schnitt
3291_600_BA_GR + A-B_03	H&J	10.05.1959	Grundrisse + Schnitt Grundrisse A-D
3291_600_BA_GR + AN + A-A + B-B	H&J	07.01.1955	Grundriss + Ansicht + Schnitte Lichtschacht
3291_600_BA_GR + AN_03	H&J	17.12.1954	Grundriss + Ansichten Küchenansichten
3291_600_BA_GR_02	H&J		Grundriss
3291_600_BA_GR_03	H&J	09.12.1955	Grundriss Altarraum

3291_600_BA_GR_04	H&J		Grundriss mit Höhe der Empore
3291_600_BA_GR_05	H&J		Grundriss Bohrplan mit den neuen Fundamenten und Einbauten
3291_600_BA_GR_20	H&J	15.10.1953	Grundriss
3291_600_BA_GR_20	H&J	15.10.1953	Grundriss
3291_600_BA_KG_01	H&J		Grundriss
3291_600_BA_KG_02	H&J	17.06.1952	Grundriss
3291_600_BA_KG_04	H&J	14.08.1952	Grundriss
3291_600_BA_KG_06	H&J	01.01.1957	Grundriss
3291_600_BA_KG_06	H&J	01.01.1957	Grundriss
3291_600_BA_LS_01	H&J	01.08.1954	Schnitt Altarraum
3291_600_BA_LS_02	H&J	01.07.1950	Schnitt Mittelschiff
3291_600_BA_LS_05	H&J	01.07.1950	Schnitt
3291_600_BA_LS_05	H&J	01.07.1950	Schnitt
3291_600_BA_LS_06	H&J	01.01.1957	Schnitt Schnitt durch südl. Seitenschiff
3291_600_BA_LS_06	H&J	01.01.1957	Schnitt Schnitt durch südl. Seitenschiff
3291_600_BA_LS_07	H&J		Schnitt Schnitt durch nörl. Seitenschiff
3291_600_BA_N + A-A + GR	H&J	04.07.1955	Ansicht + Schnitt + Grundriss Nordportal
3291_600_BA_O_01	H&J	01.01.1957	Ansicht
3291_600_BA_O_02	H&J	28.06.1963	Ansicht
3291_600_BA_O_03	H&J	14.07.1955	Ansicht
3291_600_BA_O_04	H&J		Ansicht
3291_600_BA_O_05	H&J	12.07.1955	Ansicht
3291_600_BA_O_23	H&J	30.01.1951	Ansicht
3291_600_BA_O_23	H&J	30.01.1951	Ansicht
3291_600_BA_QS + EG + OG_01	H&J	13.05.1957	Schnitt + Grundrisse Turmschnitte
3291_600_BA_QS + EG + OG_02	H&J	13.05.1957	Schnitt + Grundrisse Turmschnitte
3291_600_BA_QS_01	H&J	01.04.1956	Schnitt Turm und Bibliothekanbau
3291_600_BA_QS_02	H&J	01.02.1957	Schnitt Turm und Bibliothekanbau
3291_600_BA_QS_06	H&J	01.01.1957	Schnitt Ansicht nach W
3291_600_BA_QS_07	H&J	24.10.1958	Schnitt Blick zur Orgel-Empore
3291_600_BA_QS_08	Jäger, Gries, Brunzema	18.03.1970	Schnitt Ansicht nach W
3291_600_BA_QS_08	Jäger, Gries, Brunzema	18.03.1970	Schnitt Ansicht nach W
3291_600_BA_S + A-B	H&J		Ansicht + Schnitt Schnitt durch den Baugrund
3291_600_BA_S_01	H&J	05.01.1962	Ansicht
3291_600_BA_S_02	H&J	08.08.1952	Ansicht Variante
3291_600_BA_S_03	H&J	08.08.1952	Ansicht
3291_600_BA_S_04	H&J	23.09.1952	Ansicht
3291_600_BA_S_05	H&J	23.09.1952	Ansicht
3291_600_BA_S_06	H&J	23.09.1952	Ansicht
3291_600_BA_S_07	H&J	01.01.1957	Ansicht Schnitt durch Südanbau + Ansicht der Südwand
3291_600_BA_S_07	H&J	01.01.1957	Ansicht Schnitt durch Südanbau + Ansicht der Südwand
3291_600_BA_S_08	H&J	27.06.1963	Ansicht
3291_600_BA_SA	H&J	28.05.1957	Ansicht Uhrengeschoss im Turm
3291_600_BA_SK_04	H&J	07.06.1955	Skizze perspektivische Zeichnung
3291_600_BA_SK_04	H&J	07.06.1955	Skizze perspektivische Zeichnung
3291_600_BA_SO	H&J	12.08.1949	Ansicht
3291_600_BA_W + A-B	H&J		Ansicht + Schnitt Schnitt durch den Baugrund
3291_600_BA_W_01	H&J	13.05.1957	Ansicht
3291_600_BA_W_02	H&J		Ansicht Bohrfahlgrundung unter dem Turmanbau
3291_600_BE_A-A + B-B + C-C + D-D + QS	H&J	28.07.1955	Schnitte Turmschnitt-Schema
3291_600_BE_AN + SK_01	H&J	14.07.1955	Ansicht + Skizze Gerüstschema für Turmhelm
3291_600_BE_AN_02	H&J	01.07.1955	Ansicht Kirchturm
3291_600_BE_AN_04	H&J	01.05.1944	Ansicht Turm
3291_600_BE_AN_05	H&J	01.05.1944	Ansicht
3291_600_BE_AN_06	H&J	01.05.1944	Ansicht
3291_600_BE_AN_07	H&J	01.02.1945	Ansicht Orgelprospekt
3291_600_BE_AN_11	H&J		Ansicht Orgelprospekt
3291_600_BE_AN_12	Jäger, Gries, Brunzema	01.06.1973	Ansicht Turmhelm

3291_600_BE_D + AN_422.tif	H&J	1956	Detail + Ansicht Turmspitze
3291_600_BE_EG + OG	H&J	02.09.1950	Grundrisse Warmwasserheizung
3291_600_BE_EG_01	H&J		Grundriss
3291_600_BE_EG_02	H&J	01.07.1947	Grundriss
3291_600_BE_EG_04	H&J	30.01.1954	Grundriss Fortschritt über die Gewölbearbeiten
3291_600_BE_EG_05	H&J		Grundriss
3291_600_BE_EG_06	H&J	05.03.1962	Grundriss Einbau einer WC-Anlage
3291_600_BE_L_01	H&J	01.07.1944	Lageplan
3291_600_BE_L_02	H&J	01.07.1944	Lageplan
3291_600_BE_L_03	H&J		Lageplan
3291_600_BE_L_04	H&J	10.05.1949	Lageplan Umbaumöglichkeit im Falle einer Straßenverbreiterung
3291_600_BE_L_05	H&J	10.05.1949	Lageplan
3291_600_BE_L_08	H&J	01.09.1954	Lageplan
3291_600_BE_L_09	H&J	01.05.1956	Lageplan
3291_600_BE_LS_01	H&J		Schnitt südliches Seitenschiff
3291_600_BE_LS_02	H&J		Schnitt südliches Seitenschiff mit Baugrund
3291_600_BE_LS_03	H&J		Schnitt nördliches Seitenschiff
3291_600_BE_QS_02	H&J	04.02.1952	Schnitt Im 7. Joch des südlichen Seitenschiffes
3291_600_BE_QS_03	H&J	15.01.1954	Schnitt Ostfenster
3291_600_BE_S + A-A_01	H&J		Ansicht + Schnitt Schnitt durch den Südanbau mit Baugrund
3291_600_BE_S + A-A_02	H&J		Ansicht + Schnitt durch den Südanbau mit Baugrund
3291_600_BE_SK + EG	H&J	01.02.1957	Skizze + Grundriss
3291_600_BE_SK + KG	H&J	01.02.1957	Skizze + Grundriss
3291_600_BE_SK + OG	H&J	01.04.1956	Skizze + Grundriss 2.-6. Obergeschoss
3291_600_BE_W + AN	H&J	01.01.1957	Ansichten
3291_600_BE_W_01	H&J	01.05.1944	Ansicht
3291_600_BE_W_01	H&J	01.05.1944	Ansicht
3291_600_BE_W_02	H&J	01.08.1955	Ansicht
3291_600_BE_W_03	H&J	01.05.1944	Ansicht
3291_600_BE_W_03	H&J	01.05.1944	Ansicht

5.5.10   St. Lukas Fuhlsbüttel (Nr. 3092; alte Nr. 30)

3092_600_BA_EG + D	H&J	21.05.1938	Grundriss + Detail
3092_600_BA_EG_01	H&J		Grundriss
3092_600_BA_EG_02	H&J	01.05.1938	Grundriss
3092_600_BA_LS	H&J	01.05.1938	Schnitt
3092_600_BA_O	H&J		Ansicht
3092_600_BA_O + W	H&J	01.05.1938	Ansichten
3092_600_BA_QS + LS	H&J	01.05.1938	Schnitte
3092_600_BA_S	H&J	01.05.1938	Ansicht
3092_600_BE_L_02	H&J		Lageplan
3092_600_BE_L_03	H&J	21.05.1938	Lageplan
3092_600_BG_A-A + B-B + C-C	H&J		Schnitte
3092_600_BG_KG + F	H&J		Grundriss + Fundamentplan
3092_600_BG_LS	H&J		Schnitt
3092_600_BG_OG	H&J		Grundriss Emporengeschoss
3092_600_BG_OG + SL	H&J		Grundrisse + Sparrenlage
3092_600_BG_S	H&J		Ansicht
3092_600_BG_W + O	H&J		Ansichten
3092_600_BHT_OG	H&J	01.05.1938	Grundriss Emporengeschoss

5.5.11   St. Marien Ohlsdorf (Nr. 3091; alte Nr. 31)

3091_601_BA_AA + A + B + C + D + E + F + G + D	H&J	22.10.1959	Schnitt + Punkte + Detail
3091_601_BA_A-A + B-B + C-C + D-D + E-E + F-F + G-G + GR	H&J	03.11.1959	Schnitte + Grundriss
3091_601_BA_AA + BB + D	H&J	09.10.1958	Schnitte + Detail Treppenturm - Detail
3091_601_BA_A-A + B-B + GR	H&J	18.01.1958	Schnitte + Grundrisse Turm
3091_601_BA_AA + BB + GR + D	H&J	25.06.1958	Schnitte + Grundriss + Detail Kovektor-Schacht
3091_601_BA_AA_01	H&J	04.04.1957	Schnitt Schnitt vor dem Altar

3091_601_BA_A-A_01	H&J	04.04.1957	Schnitt
3091_601_BA_AA_02	H&J	04.04.1957	Schnitt Schnitt vor der Empore
3091_601_BA_A-A_02	H&J	04.04.1957	Schnitt
3091_601_BA_AA_03	H&J	13.08.1957	Schnitt an der Empore
3091_601_BA_AA_04	H&J	04.04.1957	Schnitte
3091_601_BA_A-B + A-B + C	H&J	29.05.1959	Schnitte Tür- Turmeingang
3091_601_BA_A-B + A-B + C + D	H&J	29.07.1959	Schnitte Türen zur Sakristei
3091_601_BA_A-B + C-D + GR + D	H&J	06.09.1958	Schnitte + Grundriss + Detail Dachlucke + Leiter
3091_601_BA_A-B_01	H&J	06.12.1957	Schnitt Choransicht
3091_601_BA_A-B_02	H&J	06.12.1957	Schnitt Choransicht
3091_601_BA_A-B_03	H&J	06.11.1959	Schnitt Choransicht
3091_601_BA_A-B_03	H&J	06.11.1959	Schnitt Choransicht
3091_601_BA_A-B+ C-D + AA + D	H&J	20.10.1958	Schnitte + Detail
3091_601_BA_AN + AA + GR	H&J	20.11.1959	Ansichten + Schnitt + Grundriss + Detail Lesepult
3091_601_BA_AN + AA + GR + D_01	H&J	11.06.1958	Ansicht + Schnitt + Grundriss + Detail Grundstein
3091_601_BA_AN + AA + GR + D_02	H&J	21.07.1959	Ansichten + Schnitt + Grundriss + Detail Gestühl
3091_601_BA_AN + AA +D	H&J	11.11.1959	Ansicht + Schnitt + Detail Rinnendetail
3091_601_BA_AN + A-B + C-D_01	H&J	29.11.1957	Ansicht + Schnitte Giebelfenster
3091_601_BA_AN + A-B + C-D_02	H&J	18.12.1957	Ansicht + Schnitte Giebelfenster
3091_601_BA_AN + A-B + GR + D	H&J	15.07.1959	Ansicht + Schnitt + Grundriss + Detail Emporenbrüstung
3091_601_BA_AN + D	H&J	15.01.1960	Ansicht + Detail Alu-Griffe Pendeltür Windfang
3091_601_BA_AN + GR + D	H&J	23.09.1959	Ansichten + Grundriss + Detail Turmspitze
3091_601_BA_AN + GR_01	H&J	17.09.1959	Ansicht + Grundriss Gestühl
3091_601_BA_AN + GR_02	H&J	07.12.1957	Ansicht + Grundrisse Turm
3091_601_BA_AN + GR_03	H&J	07.12.1957	Ansicht + Grundrisse Turm
3091_601_BA_AN + GR_04	H&J	18.01.1958	Ansicht + Grundrisse Turm
3091_601_BA_AN + SK	H&J	17.06.1957	Ansicht + Skizze Turmskizze
3091_601_BA_AN_01	H&J	21.12.1957	Ansicht
3091_601_BA_AN_02	H&J	04.04.1957	Ansicht
3091_601_BA_AN_03	H&J	04.04.1957	Ansicht
3091_601_BA_AN_04	H&J	04.04.1957	Ansicht
3091_601_BA_AN_05	H&J	04.04.1957	Ansicht Ansicht vom Maienweg
3091_601_BA_AN_06	H&J	04.04.1957	Ansicht Ansicht am Hasenberge
3091_601_BA_AN_07	H&J	04.04.1957	Ansicht Ansicht von der Alster
3091_601_BA_AN_08	H&J	04.06.1958	Ansicht Sakristei
3091_601_BA_AN_09	H&J	10.12.1957	Ansicht
3091_601_BA_AN_10	H&J	11.06.1959	Ansicht
3091_601_BA_AN_11	H&J	03.07.1959	Ansicht Empore
3091_601_BA_AN_12	H&J	05.11.1958	Ansicht Empore
3091_601_BA_AN_13	H&J	12.05.1958	Ansicht Chor, Isometrie
3091_601_BA_AN_13	H&J	12.05.1958	Ansicht Chor, Isometrie
3091_601_BA_AN_14	H&J	26.10.1959	Ansicht Gestühl Vorschlag 3
3091_601_BA_AN_14	H&J	26.10.1959	Ansicht Gestühl Vorschlag 3
3091_601_BA_D_01	H&J	04.04.1957	Ansicht
3091_601_BA_D_02	H&J	21.12.1957	Ansicht
3091_601_BA_D_03	H&J	01.01.1958	Grundriss Eckstein
3091_601_BA_D_04	H&J	22.04.1959	Grundriss Fenster
3091_601_BA_D_05	H&J	13.08.1957	Schnitt Treppenturm
3091_601_BA_D_06	H&J	24.08.1958	Ansicht + Grundriss + Schnitt + Detail Konvektorenschlitze
3091_601_BA_D_08	H&J	19.10.1957	Ansicht + Grundrisse + Schnitte + Detail Chorfenster
3091_601_BA_D_09	H&J	29.07.1958	Schnitte Überzug
3091_601_BA_D_10	H&J	15.08.1958	Ansicht + Grundriss + Schnitte
3091_601_BA_D_11	H&J	21.05.1958	Schnitte
3091_601_BA_D_12	H&J	03.09.1958	Grundrisse + Schnitte Deckenspiegel
3091_601_BA_D_13	H&J	19.09.1958	Schnitte Fenster
3091_601_BA_D_14	H&J	14.01.1959	Ansicht + Grundriss + Schnitt + Detail Konvektorenschlitze
3091_601_BA_D_15	H&J	20.04.1959	Schnitte Chorfenster
3091_601_BA_D_16	H&J	01.05.1959	Ansicht + Schnitte + Detail Chorfenster
3091_601_BA_D_17	H&J	12.05.1959	Schnitt Chorfenster
3091_601_BA_D_18	H&J	12.05.1959	Schnitt Chorfenster
3091_601_BA_D_19	H&J	28.05.1959	Schnitte Turmfenster
3091_601_BA_D_20	H&J	28.05.1959	Ansicht + Schnitte + Detail Haupteingangstüren

3091_601_BA_D_21	H&J	20.06.1959	Schnitte Emporenstufen
3091_601_BA_D_22	H&J	28.07.1959	Schnitt + Detail Gestühl
3091_601_BA_D_23	H&J	30.10.1959	Schnitt + Detail Gestühl
3091_601_BA_D_24	H&J	19.11.1959	Ansichten + Detail Geländer bei der Taufe
3091_601_BA_D_25	H&J	23.11.1959	Schnitt + Detail Kniebank
3091_601_BA_D_26	H&J	25.08.1958	Ansicht + Schnitt Emporenbrüstung
3091_601_BA_D_26	H&J	25.08.1958	Ansicht + Schnitt Emporenbrüstung
3091_601_BA_D_27	H&J	17.09.1958	Grundriss + Ansicht Sakristeitreppe
3091_601_BA_D_27	H&J	17.09.1958	Grundriss + Ansicht Sakristeitreppe
3091_601_BA_EG + FP	H&J	04.04.1957	Grundriss + Fundamentplan
3091_601_BA_EG_01	H&J	04.04.1957	Grundriss
3091_601_BA_EG_02	H&J	04.04.1957	Grundriss
3091_601_BA_EG_03	H&J	04.04.1957	Grundriss Emporengeschoss
3091_601_BA_EG_04	H&J	10.06.1958	Grundriss
3091_601_BA_EG_05	H&J	04.04.1957	Grundriss
3091_601_BA_FP + AN_01	H&J	25.09.1957	Fundamentplan + Ansicht
3091_601_BA_FP + AN_02	H&J	25.09.1957	Fundamentplan + Ansicht Rahmen 2
3091_601_BA_FP + AN_03	H&J	25.09.1957	Fundamentplan + Ansicht Rahmen 3
3091_601_BA_FP + AN_04	H&J	25.09.1957	Fundamentplan + Ansicht Rahmen 4
3091_601_BA_FP + AN_05	H&J	25.09.1957	Fundamentplan + Ansicht Rahmen 5
3091_601_BA_FP + AN_06	H&J	25.09.1957	Fundamentplan + Ansicht Rahmen 6
3091_601_BA_FP_01	H&J	07.10.1957	Fundamentplan
3091_601_BA_FP_02	H&J	07.10.1957	Fundamentplan
3091_601_BA_FP_03	H&J	20.05.1958	Fundamentplan Fundamente
3091_601_BA_GR + D	H&J	23.10.1959	Grundriss + Detail Fußbodenplan
3091_601_BA_GR_01	H&J	04.04.1957	Grundriss In Fensterhöhe
3091_601_BA_GR_02	H&J	04.04.1957	Grundriss Grundriss in Fensterhöhe
3091_601_BA_GR_03	H&J	04.04.1957	Grundriss Grundriss in Fensterhöhe
3091_601_BA_GR_04	H&J	13.08.1957	Grundriss in Fensterhöhe
3091_601_BA_GR_05	H&J	04.06.1958	Grundriss Sakristei
3091_601_BA_GR_06	H&J	24.11.1956	Grundriss Altar
3091_601_BA_GR_07	H&J	29.06.1959	Grundriss Eingangshalle
3091_601_BA_GR_07	H&J	29.06.1959	Grundriss Eingangshalle
3091_601_BA_LS_01	H&J	04.04.1957	Schnitt
3091_601_BA_LS_02	H&J	04.04.1957	Schnitt
3091_601_BA_LS_03	H&J	21.12.1957	Schnitt
3091_601_BA_O	H&J	26.09.1958	Ansicht
3091_601_BA_OG_01	H&J	04.04.1957	Grundriss Emporengeschoss
3091_601_BA_OG_02	H&J	07.01.1959	Grundrisse Glockengeschosse
3091_601_BA_OG_03	H&J	04.04.1957	Grundriss
3091_601_BA_S_01	H&J	04.04.1957	Ansicht
3091_601_BA_SK	H&J	20.11.1960	Skizze Lesepult
3091_601_BA_W + GR + A-B + C-D + E-F	H&J	26.07.1958	Ansicht + Grundriss + Schnitte
3091_601_BA_W + GR + A-B + C-D + E-F + G-H	H&J	08.07.1959	Ansicht + Grundriss + Schnitte
3091_601_BE_A-A_01	H&J	01.11.1957	Schnitt Kirchenschifffenster
3091_601_BE_A-A_02	H&J	01.11.1957	Schnitt Kirchenschifffenster
3091_601_BE_AN + AA + GR	H&J	24.07.1959	Ansichten + Schnitt + Grundriss Gestühl
3091_601_BE_AN_01	H&J	17.05.1955	Ansicht
3091_601_BE_AN_02	H&J	17.05.1955	Ansicht
3091_601_BE_AN_03	H&J	11.02.1957	Ansicht
3091_601_BE_D	H&J		Schnitte
3091_601_BE_EG	H&J	05.05.1955	Grundriss
3091_601_BE_GR	H&J	16.09.1959	Grundriss Fußbodenplan
3091_601_BE_L + GR	H&J	30.04.1957	Lageplan + Grundriss
3091_601_BE_L_01	H&J	07.02.1956	Lageplan
3091_601_BE_L_03	H&J	05.11.1957	Lageplan
3091_601_BE_L_05	H&J	09.10.1956	Lageplan Höhenplan
3091_601_BE_L_06	H&J		Lageplan
3091_601_BE_L_08	H&J		Lageplan
3091_601_BE_L_09	H&J	30.04.1967	Lageplan
3091_601_BE_LS + AN	H&J	11.02.1957	Schnitt + Ansicht
3091_601_BE_OG	H&J	05.05.1955	Grundriss Emporengeschoss

3091_601_BE_OG + AN + AA	H&J	05.01.1960	Ansichten + Grundriss + Schnitte Glaswand
3091_601_BE_QS	H&J	17.05.1955	Schnitt
3091_601_BE_SA	H&J	17.05.1955	Ansichten
3091_601_BE_SK + L	H&J	16.03.1952	Skizze + Lageplan Ansichten der Kirche
3091_601_BE_SK_01	H&J	25.05.1955	Ansicht
3091_601_BE_W	H&J	11.02.1957	Ansicht
3091_601_BST_OG_02	H&J	04.04.1957	Grundriss

5.5.12 St. Nicolaus Alsterdorf (alte Nr. 28)

Zu St. Nicolaus existieren keine Digitalisate wie zu den anderen Alt-Hamburger Kirchgebäuden, weil St. Nicolaus nur zeitweilig (1942-1949 und 1964-2006[19]) zur Landeskirche gehörte. In einem Ordner, der mit der alten Bezeichnung „28 St. Nicolaus Alsterdorf, Bestand.-Zeichn. ? 1993" versehen ist, finden sich noch diverse Nachzeichnungen aus der Zeit 1985-1990. Diese scheinen auf älteren Zeichnungen (wohl von H&J?) zu beruhen, weil sie gar nicht den Bestand dieser Zeit, sondern z.b. im Blick auf die Orgel deren Positionierung zentral auf der Empore darstellen.

Es existieren jedoch immerhin in einem Aktenbestand des LKAK (32.14.01 - LK Hamburg - Bauabteilung: Akten; Nr. 556: „Ankauf der Nikolai-Kirche der Alsterdorfer Anstalten durch die Kirchengemeinde Winterhude-Nord sowie Rückübertragung des Grundstücks der Kirche") mindestens zwei Kopien, die eindeutig von H&J stammen.

32.14.01 Nr. 556	H&J	07.07.1937	Längs-Schnitt
32.14.01 Nr. 556	H&J	07.07.1937	Grundriss

5.5.13 Wilhelmsburg Emmaus (Nr. 2362)

2362_600_BA_A-A	H&J	11.08.1952	Schnitt
2362_600_BA_A-A + B-B	H&J	27.01.1953	Schnitte Windverbände
2362_600_BA_AN + A-A + D	H&J	20.10.1952	Ansichten + Schnitte + Details Fenster + Gesims + Decken
2362_600_BA_AN + D_01	H&J	09.04.1953	Ansicht + Detail Aufhängung der Unterdecke
2362_600_BA_AN + D_02	H&J	06.01.1953	Ansicht + Detail Dachträger mit Pfetten und Verband
2362_600_BA_AN_01	H&J	01.10.1945	Ansicht
2362_600_BA_AN_02	H&J		Ansicht
2362_600_BA_D_03	H&J	20.10.1952	Deckenaufsicht + Schnitte Sakristeidecke
2362_600_BA_EG + A-A	H&J	02.09.1952	Grundriss + Schnitt Abbruchplan
2362_600_BA_EG + D + B-C + D-E + F-G	H&J	05.01.1953	Grundriss + Detail + Schnitte Stahlträger + Geschnittener Unterzug zw. Kirchenschiff und Empore
2362_600_BA_EG + D_01	H&J	12.01.1952	Grundriss + Detail
2362_600_BA_EG + D_03	H&J	10.02.1954	Grundriss + Detail
2362_600_BA_EG_01	H&J	10.02.1954	Grundriss
2362_600_BA_EG_02	H&J	10.02.1954	Grundriss
2362_600_BA_EG_04	H&J	02.10.1952	Grundriss
2362_600_BA_EG_05	H&J	01.01.1946	Grundriss
2362_600_BA_EG_06	H&J	01.10.1945	Grundriss
2362_600_BA_EG_07	H&J	01.01.1946	Grundriss
2362_600_BA_FP + KG	H&J	20.01.1954	Fundamentplan + Grundriss
2362_600_BA_FP_01	H&J	01.10.1945	Fundamentplan
2362_600_BA_FP_02	H&J	02.10.1952	Fundamentplan
2362_600_BA_KG_01	H&J	02.10.1952	Grundriss

---

[19] Die Jahreszahlen 1964-2006 für die zweite Periode ergibt sich aus Angaben in einer Übersicht über die Bestände des KKA „18.38 Hamburg-Ost.pdf" S. 2 unter der Nr. „18.38.28".

2362_600_BA_KG_02	H&J	07.11.1952	Grundriss
2362_600_BA_KG_03	H&J	02.10.1952	Grundriss
2362_600_BA_KG_04	H&J	10.02.1954	Grundriss
2362_600_BA_KG_05	H&J	20.01.1954	Grundriss Bohrpfähle
2362_600_BA_KG_06	H&J	10.02.1954	Grundriss
2362_600_BA_KG_07	H&J	26.09.1952	Grundriss Isolierplan
2362_600_BA_KG_08	H&J	02.05.1962	Grundriss Höhen des Kellerfußbodens
2362_600_BA_KG_09	H&J	02.10.1952	Grundriss Kellerdecke, Unterzüge
2362_600_BA_KG_10	H&J	02.10.1952	Grundriss
2362_600_BA_KG_11	H&J	02.10.1952	Grundriss Kellerdecke, Unterzüge
2362_600_BA_L	H&J	11.08.1952	Lageplan Kirche mit Umgebung + Richtigstellung
2362_600_BA_LS + A-B + C-D + E-F + G-H + I-K + D	H&J		Schnitte + Detail Gesamt + Turm
2362_600_BA_N_01	H&J	12.02.1954	Ansicht
2362_600_BA_N_02	H&J	11.08.1952	Ansicht
2362_600_BA_N_03	H&J	11.08.1952	Ansicht
2362_600_BA_O + W_01	H&J	04.01.1989	Ansichten
2362_600_BA_O + W_02	H&J	10.01.1946	Ansichten
2362_600_BA_O + W_03	H&J	11.08.1952	Ansichten
2362_600_BA_O + W_04	H&J	11.08.1952	Ansichten
2362_600_BA_OG_01	H&J	10.02.1954	Grundriss Emporengeschoss
2362_600_BA_OG_02	H&J	10.02.1954	Grundriss Emporengeschoss
2362_600_BA_OG_03	H&J	01.01.1946	Grundriss Emporengeschoss
2362_600_BA_OG_04	H&J	02.10.1952	Grundriss Emporengeschoss
2362_600_BA_OG_05	H&J	02.10.1952	Grundriss Emporengeschoss
2362_600_BA_OG_06	H&J	01.10.1945	Grundriss
2362_600_BA_QS_01	H&J	02.10.1952	Schnitte Schnitt durch Schiff und Empore
2362_600_BA_QS_02	H&J	12.02.1954	Schnitte Schiff + Empore
2362_600_BA_QS_03	H&J	09.10.1952	Schnitt
2362_600_BA_QS_04	H&J	01.01.1946	Schnitte
2362_600_BA_S	H&J	01.01.1946	Ansicht
2362_600_BA_S + QS + LS_01	H&J		Ansicht + Schnitte
2362_600_BA_S + QS + LS_02	H&J	01.01.1946	Ansicht + Schnitte
2362_600_BA_SL + D	H&J	29.01.1953	Sparrenlage + Details Holzzierdecke + Traufe
2362_600_BE_AN_01	H&J	01.01.1946	Ansicht Innenraum
2362_600_BE_AN_02	H&J	01.01.1946	Ansicht Innenraum
2362_600_BE_AN_03	H&J	01.01.1946	Ansicht Innenraum
2362_600_BE_AN_04	H&J	01.01.1946	Ansicht Innenraum
2362_600_BE_AN_05	H&J	01.01.1946	Ansicht Innenraum
2362_600_BE_EG	H&J	01.04.1952	Grundriss Sitzplatzplan
2362_600_BE_I-I + I-II	H&J	01.04.1952	Schnitte
2362_600_BE_L_01	H&J	07.11.1952	Lageplan Kirche mit Umgebung
2362_600_BE_L_02	H&J	01.04.1952	Lageplan Umgebung
2362_600_BE_L_03	H&J	11.08.1952	Lageplan
2362_600_BE_L_04	H&J	01.01.1946	Lageplan
2362_600_BE_N	H&J	01.04.1952	Ansicht
2362_600_BE_O + W	H&J	01.04.1952	Ansichten
2362_600_BE_OG	H&J	01.04.1952	Grundriss Emporengeschoss
2362_600_BE_OW + A-A	H&J	01.04.1952	Schnitt
2362_600_BE_QS	H&J		Schnitt

5.6 Werkliste von J. Gries 1979

Die folgenden Seiten sind aus der oben in den Vorbemerkungen des Abschnitts „4 Werkliste als tabellarische Übersicht" erwähnten Aufstellung von J. Gries für Mechthild Jäger reproduziert. Darin finden sich leider auch einige Angaben, die eigentlich nicht zu den Kirchbauten von H&J zählen könnten, aber möglicherweise auf Grund einer Wettbewerbsbeteiligung in die Auflistung geraten sind. Anderseits fehlen auch bewusst einige Bauwerke, wie Gries im Anschreiben vermerkt hat:

DIPL.-ING. RUDOLF JÄGER, JOHANNES GRIES, DR.-ING. DANIEL BRUNZEMA
ARCHITEKTEN

POSTSTRASSE 14/16, 2 HAMBURG 36, FERNRUF 34 50 28/35 38 78

Frau
Mechthild Jäger
Baron-Voght-Straße 220

2000 H a m b u r g 52

Hamburg, den 2. Oktober 1979 gr./Me.

Sehr geehrte Frau Jäger !

Als Anlage übersenden wir Ihnen die von Ihnen aufgestellte Liste
der Bauvorhaben, wunschgemäß auf Firmenbogen mit unseren Unter-
schriften versehen.

Wir hoffen, daß diese Form Ihre Zustimmung findet.

Weiterhin erhalten Sie auch die von Ihnen erbrachten Unterlagen
zurück.

Ich hätte gerne die Fertigstellung dieser Zusammenstellung zum
Anlaß genommen um Ihnen einen kurzen Besuch zu machen, aber leider ist meine Mitarbeiterin in Rheine nach kurzer schwerer Krank-
heit verstorben, sodaß ich zunächst einmal von daher außerordentlich stark eingespannt bin. Ich hoffe Sie haben Verständnis dafür.

Unabhängig davon stehen wir Ihnen natürlich gerne zu Auskünften
wie immer zur Verfügung.

Mit freundlichem Gruß

Ihr Gries

Anlage

Von den Architekten Bernhard Hopp, Dipl. Ing. Rudolf Jäger
ab 1.1.62 Bernhard Hopp, Dipl. Ing. Rudolf Jäger, Johannes Gries
ab 1.1.67 Dipl. Ing. Rudolf Jäger, Johannes Gries, Dr.-Ing. Daniel
      Brunzema
sind die nachfolgenden Bauten geplant und errichtet worden:

1935   Wohnhaus Dr. Moos, Hamburg-Groß-Borstel

1935   Kirche zu Born a.d. Darß, Pommern

1936   Kirche zu List auf Sylt

1936   Kirche zu Sittensen , Kirchenkreis Bremervörde-Zeven

1936   Kirche zu Elsdorf, Kirchenkreis Bremervörde-Zeven

1936   Dreifaltigkeitskirche Hamm Westfalen

1937   Kirche zu Balje, Kirchenkreis Stade

1938   Pfarrhaus Oederquart, Kirchenkreis Stade

1938   Anstaltskirche Hamburg-Alsterdorf

1938   Lukas Kirche Hamburg-Fuhlsbüttel

1945   St. Katharinen Hauptkirche Hamburg

1946-
1948   Hochhäuser Hamburg, Grindelallee

1946-
1952   Christians Kirche Hamburg-Altona

                                              - 2 -

1950 Kirche zu Pötrau/b. Büchen, Schleswig-Holstein

1951 Methodisten Kirche Hamburg

1951 Onkenkirche der Baptisten Hamburg Grindelallee 95

1952 Sieben Tage-Adventisten Kapelle, Hamburg Grindelallee

1953 Wohnhaus von Bischof Hübner, Hannover-Herrenhausen

1953 Kirche zu Lamstedt Kirchenkreis Hadeln

1953 Gemeindezentrum Kirchwege Lahausen Kirchenkreis Syke

1953 Diakonissen Mutterhaus Münster Westfalen

1954 Wohnhaus Hamburg-Groß Flottbek, Dornstücken11

1954 Evang. Krankenhaus Johannisstift Münster Westfalen

1954. Christus Kirche u. Gemeindehaus Hamburg-Wandsbek

1954 Auferstehungskirche, Gemeindehaus u. Pfarrhaus
Hamburg - Lurup

1955 Flüchtlings-Kirchenbaracke Hamburg-Wentorf

1955 Sozialpädagogisches Seminar Münster Westfalen
beim Diakon. Mutterhaus

1956 Lindenhof "Sarepta" Bethel - Bielefeld

1957 Krankenhaus Lengerich Westfalen

1957 Dreifaltigkeitskirche Kirchenzentrum Hamburg-Horn

1956-
1957 Christus Kirche Hamburg- Hummelsbüttel

1957 Magdalenkirche, Gemeindezentrum u. Pfarrhaus
Hamburg-Kleinborstel

1957 Jugendwohnheim Münster Westfalen

1958 Wohnhaus V. Brix, Hamburg-Groß Flottbek, Dornstücken 13

1958 Jacobi Kirche Rheine Westfalen

1958 Johanneskirche u. Kindergarten Hamm Westfalen

1958 Matthäus Kirche Münster Westfalen

1958 Haus der offenen Tür Rheine Westfalen

1958 Jugendbildungsstätte Berchum Westfalen

- 3 -

1958   Busautowerkstatt Kässbohrer Hamburg

1959   Schwesternheim Rheine Westfalen

1959   Evang. Kindergarten Münster Westfalen

1959   St. Jacobi Kirche Hamburg

1959   Emmaus Kirche Harburg-Wilhelmsburg

1960   Johanneskirche Stade

1960   Auferstehungskirche Kirchenkreis Stormarn
       Hamburg-Schmalenbek

1960   St. Marienkirche Flensburg

1960   St. Nicolai Kirche Flensburg

1959-
1961   Kirche zu Bargstedt Kirchenkreis Buxtehude

1961   Diakonissen-Anstalt Salem Köslin
       Auferstehungskirche Minden

1962   Adventskirche Kirchenkreis Niendorf Hamburg-Schnelsen

1959-
1962   Nicolai Kirche Stadtkirche Bielefeld

1962   Johanneskapelle, Pfarrhaus Hamburg-Rotenburgsort

1962   Kirche zu Fredenbek Kirchenkreis Fredenbek

1962   Auferstehungskirche Hamburg-Eidelstedt

1962   Pauluskirche, Pfarrhaus u. Gemeindehaus Hamburg-Eimsbüttel

1962   Kapelle Jacobi-Friedhof Hamburg

1957-
1963   Kirche Niendorf, Gemeindehaus, Pastorat, Glockenturm
       Hamburg-Niendorf

1963   St. Markus Kirche Osnabrück

1963   Überseekolleg Hamburg-Alsterdorf

1963   Kirche Groß-Flottbek, Hamburg-Groß Flottbek

1963   Krankenhaus Rheine Westfalen

1963   Studentenheim Othmarscher Kirchenweg, Hamburg-Othmarschen

1963   Haus der offenen Tür Rheine Westfalen

1959-
1964   Kirche zu Mürwick u. Kirchenzentrum mit Pfarrhäuser u.
       Kindergarten, Flensburg-Mürwick

- 4 -

1964 St.Johannes-Kirche Adelby/b. Flensburg

1964 Schwestern-Hochhaus Rheine Westfalen

1965 Kirche zu Büchen Schleswig-Holstein

1965 Friedenskirche Berne Kirchenkreis Stormarn

1965 Kirche zu Albersdorf, Albersdorf/b. Heide

1965 Kirche Moorfleet, Hamburg-Moorfleet

1965 Kirche zu Innien/b. Rendsburg

1963-
1966 St. Michaels Kirche, Gemeindezentrum u. Pfarrhaus
Rotenburg/a.d. Wümme

1966 Thomas-Kirche Hamburg-Hellbrook

1966 Kirche Harsefeld Kirchenkreis Buxtehude

1958-
1967 Christus Kirche, Gemeindehaus Hamburg-Wandsbek

1961-
1967 Diakonenanstalt, Pfarrhaus Falkenburg Kirchenkreis Syke

1968 Krankenhaus, Altersheim Unna Westfalen

1967 Paul Gerhard-Kirche Rheine Westfalen

1968 Krankenhaus Gronau Westfalen

1968 Wohnblock für die SAGA Hamburg-Altona, Sophien-Allee

1967-
1968 Propsteizentrum Rendsburg Schleswig-Holstein

1965-
1968 St. Petri-Kirche u. Turm Buxtehude u. Hannover

1968 Kirche zu Wallsbüll Flensburg

1968 Kirche Handewitt Kirchenkreis Flensburg

1969 Melanchthon Gemeindehaus Hamburg-Bahrenfeld

1966-
1969 Evang. Studentenhaus mit Bibliothek Hamburg, Grindelallee

1970 Kirche zu Mulsum Kirchenkreis Buxtehude

1970 Altersheim Rheine Westfalen

- 5 -

1970   Zentrum für Körperbehinderte Coburg - Bayern

1970   Kirche zu Eggebek Flensburg

1945-
1970   St. Petri-Kirche Hamburg

1937-
1972   Kirche Wellingsbüttel (Luther-Kirche)
        Hamburg-Wellingsbüttel

1969-
1974   Kinderkrankenhaus, Altenpflegeheim, Therapeutikum,
        Lehrlingsheim Friedehorst Bremen

1974   Pastorat Mulsum Kirchenkreis Buxtehude

Diese Aufstellung ist nicht vollständig, da kleinere Bauvorhaben
usw. unberücksichtigt sind.

Hamburg, den 28. September 1979
gr. / Me.

6   Abkürzungen, Archivalien und Indices zu Personen, Orten und Themen

6.1   Abkürzungen

AA	Alsterdorfer Anstalten	LASH	Landesarchiv Schleswig-Holstein (in Schleswig)
AKH	Allgemeines Krankenhaus		
DAF	Deutsche Arbeitsfront	LKAK	Landeskirchliches Archiv der Nordkirch, Kiel
DSA	Denkmalschutzamt		
ESA	Evangelische Stiftung Alsterdorf	Masch	maschinenschriftlich
		NS	Nationalsozialismus bzw. nationalsozialistisch
FS	Festschrift		
H&J	Hopp und Jäger	NSDAP	Nationasozialistische Deutsche Arbeiterpartei
HambKZ	Hamburger Kirchenzeitung		
		SA	Sturmabteilung
KG	Kirchengemeinde	SB	Sammelband
KKA	Kirchenkreis-Archiv	SS	Schutz-Staffel
KuK	Kunst und Kirche	URL	Uniform Resource Locator [für Internetadressen]

6.2   Archivalien

[Festschriften von Kirchengemeinden sind unter KG_... im Literaturverzeichnis mit Jahreszahl aufgeführt]

Bauabteilung des Kirchenkreises Hamburg-Ost:

Hamburgisches Architekturarchiv: Bestand R. Jäger (darin u.a. Fotobestand Walter Lüden), Fotobestand Otto Rheinländer (HAA_ORh...)

Hopp: Private Archivalien aus dem Nachlass Hopp (digitalisiert und den Archivalien hinzugefügt. Seitenzählung nach den Digitalisaten in PDF-Dateien).

6.3   Personen-Index

Sierig 92
Sievers 40
Simon 32, 40
Soeffner 35
Spangenberg 88, 89, 90
Spörhase 88
Springer 40
Stählin 40, 41
Stakemann 75, 81
Steiner 40
Steinfath 44, 76, 92
Stockhausen 55, 58
Stolt 29, 31
Streb 26
Stuhlmüller 87
Suhr 78
Thesdorpf 78
Thiele 31
Tilicki 41
Tillich 41
Timm 32, 41
Tügel 32
Ulrich 29, 31, 38
Vogt 21

Vossen 41
Wacker 79
Wagner 27, 41
Wallner 60
Warcke 78
Warncke 78
Wasmuth 37
Weber 66, 127
Wegner 34
Weichmann 77
Weiße 37
Wendland 41, 42
Wenzel 65, 77
Wesselmann 21
Wilhelmi 42
Wille 42
Willers 90
Winter 52, 90
Witte 66, 80, 88, 89
Wohlhüter 84
Wolf 42
Zangel 38
Zimmermann 18, 42
Zwanck 42

6.4 Orts- und Straßennamen

Adelby/Flensburg 47, 69, 82
Ahlerstedt 46, 52, 86
Ahlfeld 91
Albersdorf/Heide 48, 69, 82
Alsterdorf 30, 38, 41, 43, 46, 54, 105, 114, 128
Altenlohm 36
Alt-Hamburg 34, 39, 78, 89, 105
Altona 24, 31, 34, 37, 46, 49, 50, 55, 76, 77, 78, 79, 88
Altona-Bahrenfeld 49, 50
Altona-Elbvororte 34
Alt-Rahlstedt 45
Altstadt 50
Bahrenfeld 28, 48
Balje 46, 52, 79
Bargstedt 47, 63, 80, 86
Barmbek 42
Barmen 28
Berlin 27, 28, 30, 34, 35, 39, 40, 41, 42, 44

Berne 33, 45, 46, 54, 79, 82
Bethel 47, 61, 80, 84
Bielefeld 14, 21, 47, 61, 67, 68, 76, 80, 83, 87, 88, 89, 91
Bleichenfleet 78
Bodstedt 40, 46, 49, 50
Born 38, 39, 43, 49, 51, 76, 77, 79, 85, 90, 128
Born/Darss 38, 51, 77, 90
Borstel (Groß- u. Klein B.) 31, 32, 41, 43, 46, 49, 50, 53, 77, 81, 86, 87, 90, 128
Bramfeld 34, 37, 40, 45, 46, 48, 55, 70, 82
Bramfeld/Hellbrook 48, 70
Bramsche 26
Brandenburg 26
Bremen 35, 39
Bremervörde-Zeven 46, 51
Büchen 46, 48, 56, 69, 79
Bunzlau 36

6.5   Themen-Index

Zu den Autoren:

Dr. Uwe Gleßmer (Jahrgang 1951) ist Privatdozent für Altes Testament. Er wurde 1982 nach seinem Vikariat in der Gemeinde Maria-Magdalenen von Bischof Wölber zum Pastor ordiniert, arbeitete bis 2013 mit kurzzeitigen Unterbrechungen an der Universität Hamburg. Seit seinem Ruhestand ist er ehrenamtlich am Geschichtsprojekt der Lutherkirchen-Gemeinde in Hamburg- Wellingsbüttel engagiert sowie an dem Dokumentationsprojekt zum Architekturbüro Hopp und Jäger (www.huj-projekt.de). – Auf dem Hintergrund der Erschließung des umfangreichen Fotomaterials des Hamburgischen Architekturarchivs widmet er sich in besonderer Weise den von H&J vor dem Zweiten Weltkrieg im Norden Hamburgs gestalteten Kirchbauten sowie den damit verbundenen historischen Zusammenhängen.

Dipl. Ing. Emmerich Jäger (Jahrgang 1943), Sohn des Architekten Rudolf Jäger (1903-1978) hat nach einer Betonbauerlehre sein Architekturstudium an der Staatsbauschule Stuttgart (u.a. bei Prof. P. Stohrer) begonnen (1966-1969), war danach zwei Jahre in einem Architekturbüro in Stuttgart tätig, um von 1971-1973 (wieder zurück in Hamburg) an der Hochschule für Bildende Künste mit den Schwerpunkten Architektur sowie Stadt- und Regionalplanung sein Studium abzuschließen (Diplom bei Prof. J. Weber). Über 30 Jahre lang war er im Bezirksamt Hamburg-Wandsbek in der Stadtplanungsabteilung tätig.
Seit dem „Unruhestand" kann er sich u.a. seinen Interessen an Kunst und Architektur widmen. Durch die Aufbereitung und Übergabe des Nachlasses seines Vaters an das Hamburgische Architekturarchiv 2013 hat er eine wichtige Grundlage für das ‚Dokumentationsprojekt zum Architekturbüro Hopp und Jäger' gelegt.

Als **Beiträge zum Hopp-und-Jäger-Projekt** sind die folgenden Texte erschienen, in Vorbereitung oder für die nähere Zukunft geplant:

- Ein Informationsblatt zum Projekt skizziert die zu Beginn im Juli 2014 formulierten Ziele sowie die Mitarbeiter (www.huj-projekt.de/downloads/hopp_u_jaeger-flyer.pdf.

- Uwe Gleßmer / Alfred Lampe: Kirchgebäude in den Alsterdorfer Anstalten: Die Umgestaltungen der St. Nicolauskirche, Friedrich K. Lensch (1898-1976) und Deutungen des Altar-Wandbildes.- Books on Demand, Norderstedt 2016 [ISBN: 978-3-739212982] [zweite, korrigierte und erweiterte Auflage]

- Uwe Gleßmer / Emmerich Jäger: Zur Entstehungsgeschichte der Gemeinde in Klein Borstel und der Kirche Maria-Magdalenen als Bau- und Kunstwerk der Architekten Hopp und Jäger mit dem Maler Hermann Junker.- Books on Demand, Norderstedt 2016 [ISBN: 978-3-739244167]

- Uwe Gleßmer / Günther Engler: Die Lutherkirche in Hamburg-Wellingsbüttel als Bau- und Kunstwerk der Architekten Bernhard Hopp und Rudolf Jäger.- (im Druck 03/2016)

- Karl-Heinz Hoffmann: Portrait zu Rudolf Jäger (bereits 2013 erschienen unter http://www.architekturarchiv-web.de/portraets/h-k/jaeger/index.html)

- Emmerich Jäger: Das Haus des Architekten Rudolf Jäger (private Vervielfältigung)

  [Diese Ausarbeitung bildet die Grundlage für Gert Kähler und Hans Bunge: „Der Architekt als Bauherr. Hamburger Baumeister und ihr Wohnhaus" [Hrsg von; Schriftenreihe des Hamburgischen Architekturarchivs Bd. 34], Dölling und Galitz Hamburg 2016, S. 262-263]

- Emmerich Jäger: Erinnerungen an das Architekturbüro Hopp, Jäger, Gries, Dr. Bunzema 1935-1985 (in Arbeit)

- Jan Lubitz: Über die Architekten Hopp und Jäger im Architekturjahrbuch für Hamburg (geplant 2017)

- Jochen Schröder: Teile des Frühwerks: Fischerkirche/Born, St. Jürgen/List, St. Petri/ Mulsum bei Stade (in Arbeit)